# Embarazo saludable

# Embarazo saludable

Laurent Chevalier
con Claude Aubert

zenith

Diseño de portada: Sergi Rucabado

Título original: *Le Guide antitoxique de la grossesse*

© Laurent Chevallier
© Claude Aubert

Traducción: Guillermina Féher con la colaboración de Tina Balderas

Hachette Livre (Marabout), Paris 2016

Derechos reservados

© 2018, Ediciones Culturales Paidós, S.A. de C.V.
Bajo el sello editorial ZENITH M.R.
Avenida Presidente Masarik núm. 111, Piso 2
Colonia Polanco V Sección
Delegación Miguel Hidalgo
C.P. 11560, Ciudad de México
www.planetadelibros.com.mx
www.paidos.com.mx

Primera edición en formato epub: octubre de 2018
ISBN: 978-607-747-529-3

Primera edición impresa en México: octubre de 2018
ISBN: 978-607-747-528-6

Impreso en los talleres de EDAMSA Impresiones, S.A. de C.V.
Av. Hidalgo núm. 111, Col. Fracc. San Nicolás Tolentino, Ciudad de México
Impreso en México – *Printed in Mexico*

# CONTENIDO

# PRÓLOGO

El embarazo y el nacimiento de un hijo son momentos privilegiados para las mujeres, y desde hace décadas la atención médica los ha protegido de manera notable.

Proporcionar condiciones óptimas para el nacimiento del bebé y reducir los riesgos de salud para la madre continúa siendo uno de los objetivos esenciales de la práctica médica.

Sin embargo, nuestros enfoques clásicos han sido modificados por nuevos conceptos, como los riesgos medioambientales y nutricionales. De tal modo que, entre las noticias que permiten mejorar la preparación y el apoyo durante el embarazo, tomaremos en cuenta:

- Las consecuencias de la nutrición materna en la salud del bebé, respecto a la obesidad previa al embarazo, a la deficiencia de ácido fólico y al tabaquismo.
- El aumento de malformaciones vinculadas a las sustancias químicas de nuestro medioambiente que alteran el sistema endócrino (perturbadores endócrinos).*

A lo largo del libro, las lectoras encontrarán términos acompañados de asterisco, los cuales podrán consultar en el glosario que se encuentra al final.

Un gran número de enfermedades que se han detectado tanto en niños como en adultos están ligadas a factores ambientales que afectaron al bebé durante su vida uterina.

Pese a los diversos consejos que proporcionan los obstetras, los médicos tratantes, las parteras y los farmacéuticos, y que se han difundido a través de distintos medios, como revistas especializadas, internet y libros, hacía falta un acercamiento toxicológico medioambiental claro, preciso y accesible.

Muy pocas mujeres saben cómo protegerse o evitar las diferentes sustancias tóxicas presentes en su alimentación, en los cosméticos y en el hogar.

A través de este libro, el doctor Laurent Chevallier, nutriólogo comprometido desde hace varios años con el seguimiento de las mujeres embarazadas, y Claude Aubert, ingeniero agrónomo, pionero de la ecología y de una vida sana, vienen a llenar este vacío.

Los autores nos proporcionan información precisa, concreta, científicamente válida, que podrás llevar a la práctica de manera inmediata y sencilla.

Mediante un proceso poco común y original, se han atrevido a abordar no solo problemas relacionados con la nutrición sino con los cosméticos y con las condiciones de vida de nuestros hogares.

Estas propuestas, asociadas al seguimiento obstétrico, reforzarán el transcurso adecuado de tu embarazo y optimizarán las condiciones del desarrollo de tu bebé.

De este modo, Laurent Chevallier y Claude Aubert nos brindan acceso a la medicina del siglo XXI, una medicina que será predictiva y preventiva, y ya no únicamente curativa.

¡Buena lectura!

PROFESOR PIERRE MARES
Ginecobstetra
Jefe del Pôle Femme/Enfant, CHU de Nimes

# INTRODUCCIÓN

Durante el transcurso del siglo xx, la medicina logró avances considerables en todos los ámbitos. Esto es particularmente cierto en todo lo que se refiere al seguimiento de los embarazos y de los primeros años de vida del niño. La mortalidad perinatal disminuyó en proporciones espectaculares y desde entonces la vigilancia médica durante la gestación ha optimizado las oportunidades de llevar un embarazo a término en las mejores condiciones.

Pese a ello, han surgido nuevos problemas, principalmente debido a la abundancia de una gran cantidad de sustancias químicas. En efecto, desde inicios del siglo xx se han fabricado y comercializado más de 100 000 sustancias sintéticas que pueden encontrarse por doquier en los alimentos, los textiles, cosméticos, juguetes, productos de limpieza, en artículos para reparaciones (sobre todo en barnices y pinturas) e incluso en algunos muebles.

Hemos de reconocer que en tan solo unas décadas nuestro entorno se ha modificado mucho más que a lo largo de los siglos precedentes, lo que ha tenido repercusiones en nuestra salud, muchas veces insospechadas.

Habría deseado no tener que escribir este libro, pero después de más de 15 años de consejos proporcionados a embarazadas, pude percatarme de cuánto se había complicado poder alimentarse correctamente y poder protegerse, tanto a ellas como a su bebé en gestación, de los múltiples productos químicos nocivos o sospechosos en el entorno inmediato.

¿Cómo proceder ante los mensajes publicitarios omnipresentes e insistentes a lo largo del tiempo? El objetivo de la mercadotecnia es orientar los comportamientos de compra, ¡pero no necesariamente por buen rumbo! Con frecuencia estos mensajes son deliberadamente confusos, con el fin de obstaculizar su comprensión y tornarnos más maleables en nuestras elecciones. Por ejemplo, la simple impresión de NATURAL o VERDE en un producto puede ser tan solo una táctica engañosa para añadir sustancias químicas indeseables a un producto.

Tu futuro bebé es un ser extremadamente vulnerable durante su etapa intrauterina, ya que es en ese momento cuando se desarrollan sus órganos, su cerebro y diversos procesos metabólicos. De manera que la exposición a diferentes sustancias químicas a través de la alimentación, así como a muchos otros contaminantes y sustancias tóxicas puede alterar profundamente su sano desarrollo.

Por fortuna, con información adecuada podrás encontrar las soluciones apropiadas para esta etapa tan importante de tu vida. Aprender a identificar los riesgos potenciales te permitirá evitarlos. En verdad es posible enfrentar la vida cotidiana sin envenenarse, como te lo mostraremos a través de recomendaciones muy prácticas de las que seguramente no tenías plena conciencia, a pesar de que nos encontramos en un ambiente que no resulta muy favorable.

Quizá tengas la impresión de estar respirando el mismo aire, de beber la misma agua y comer más o menos los mismos alimentos que tus abuelos... ¡pero no es así! Aunque el aire sigue siendo principalmente una mezcla de nitrógeno, oxígeno y dióxido de carbono —contenido que se ha incrementado debido a las emisiones derivadas de la combustión de energías fósiles—, se han añadido una multitud de intrusos, todos producto de la actividad humana, como partículas más o menos finas, óxido de nitrógeno, amoníaco, plaguicidas, benceno y muchas sustancias más presentes incluso dentro de nuestra recámara.

Los alimentos cada vez tienen un aspecto más perfecto, con hermosos colores, atractivas formas, sin gusanos ni manchas, pero su composición ha cambiado mucho, y en pocas ocasiones para bien. A fuerza de seleccionarlos, no tomando en cuenta más que criterios estéticos o comerciales, se han empobrecido de nutrientes útiles, como vitaminas, minerales y fibras, al tiempo que con frecuencia contienen residuos de plaguicidas y de otros contaminantes que provienen básicamente de las envolturas.

Los materiales plásticos son omnipresentes y algunos liberan, en grados variables, moléculas nocivas en los alimentos, en los productos cosméticos, etc. En cuanto a los objetos entre los que nos movemos y que manipulamos cotidianamente, ya no tienen casi nada en común con los de nuestros abuelos. Además, nos bañamos en un universo de rayos electromagnéticos, ondas de radio, radares, satélites, wifi y celulares, cuyo impacto en nuestra salud nunca se ha evaluado seriamente.

En este contexto, no es de extrañar que las enfermedades de la civilización —como alergias, cánceres, que cada vez surgen a edades más tempranas, enfermedades cardiovasculares, diabetes, sobrepeso y padecimientos neurodegenerativos— sean tan numerosas y hayan aumentado de forma tan considerable en las últimas décadas. Por fortuna, nuestro organismo dispone de mecanismos de defensa que, en cierta medida, le permiten resistir a las diversas agresiones químicas a las que se enfrenta; sin embargo, puede quedar rápidamente rebasado. La solución adecuada consiste, entonces, en evitar los contaminantes y las sustancias tóxicas, o poner manos a la obra para evitar de la manera más eficaz quedar expuestos a ellos.

Claude Aubert —científico de renombre, ingeniero agrónomo pionero en ecología— y yo te ofrecemos sugerencias clave con la finalidad de que puedas hacer mejores elecciones. De esta manera podrás desarrollar una nueva forma de higiene y un modo de vida particularizado, con el propósito de evitar todas estas sustancias químicas perjudiciales. Se han logrado avances considerables relacionados con la lucha contra los microorganismos (bacterias, virus, microhongos);

entonces, te toca a ti procurar tu protección y la de tu bebé contra todo tipo de productos químicos sospechosos o peligrosos. Así tú podrás reducir el riesgo de numerosos trastornos o enfermedades y asegurar el bienestar de tu hijo, el tuyo y el de toda tu familia.

DOCTOR LAURENT CHEVALIER

# ¿Por qué debes protegerte?

## Prevención de trastornos y enfermedades en tu bebé

# UN ANÁLISIS POCO TRANQUILIZANTE

## El origen fetal de las enfermedades

En estudios científicos recientes[1] se han ofrecido explicaciones sobre las consecuencias que tienen los diversos agentes tóxicos y contaminantes químicos en la salud, destacando el surgimiento de numerosas enfermedades cuyo origen es resultado de la exposición a estos agentes durante la vida uterina.

El origen fetal de las enfermedades es una idea relativamente reciente, que en un inicio se consideró una simple hipótesis pero que en la actualidad se ha convertido en un hecho comprobado. En efecto, un gran número de investigaciones científicas[2] ha confirmado que durante el período de gestación, la exposición del feto a diversos componentes puede tener consecuencias negativas y perjudiciales, que en ocasiones son irreversibles en el niño y en el adulto que llegará a ser. Por ejemplo, la exposición a ciertos ftalatos* puede favorecer

[1] G.C. Di Renzo *et al.*, "International Federation of Gynecology and Obstetrics opinion on reproductive health impacts of exposure to toxic environmental chemicals", *International Journal of Gynecology and Obstetrics*, 2015 oct.

[2] A.C. Gore *et al.*, "Executive summary to EDC-2: The endocrine society's second scientific statement on endocrine-disrupting chemicals", *Endocrine Reviews*, 2015 sep.

el desarrollo de diversas alergias en los niños y ocasionar en la edad adulta problemas de infertilidad o esterilidad, e incluso diabetes. Asimismo, algunos componentes químicos son causa de la pubertad precoz y de la endometriosis, entre otros. Lamentablemente, ¡la lista de trastornos o de enfermedades resultado de los componentes químicos presentes en el medioambiente no deja de aumentar!

En un informe publicado el primero de octubre de 2015 en el *International Journal of Gynecology and Obstetrics*, la Federación Internacional de Ginecología y Obstetricia (FIGO) dio a conocer un hallazgo alarmante: "Se han encontrado en todo el mundo trazas de contaminantes orgánicos persistentes (COP) en embarazadas y mujeres que están amamantando. El Instituto Nacional del Cáncer de los Estados Unidos ha manifestado su preocupación por el hecho de que los bebés ya nacen de alguna manera 'contaminados'".

Por ello, dos de las más altas autoridades internacionales en materia ginecológica (International Federation of Gynecology and Obstetrics) y endocrinológica (Endocrine Society) hicieron un llamado de advertencia a finales de 2015 acerca de los riesgos relacionados con la exposición perinatal a los contaminantes químicos y, en particular, a los perturbadores endócrinos.* A lo largo de este libro, tendremos como objetivo ofrecerte soluciones para evitar que te expongas a estos agentes.

Contrariamente a lo que en cierto momento pensaron algunos expertos, la placenta no es una barrera suficientemente protectora contra las sustancias químicas externas. ¡Las concentraciones de algunos elementos tóxicos incluso pueden ser más elevadas en el feto que en el cuerpo de la futura mamá! Esto sucede con el mercurio,* cuya presencia puede ser 70% más significativa en la sangre del feto que en la de la madre.

## La información actual

### Aumento en el riesgo de bebés prematuros y de bajo peso al nacer

Los nacimientos prematuros cada vez son más numerosos, así como la cantidad de bebés nacidos a término con bajo peso.

Son diversas las causas, entre ellas, la vida insalubre de algunas madres (consumo de bebidas alcohólicas, por ejemplo). Sin embargo, el problema cada vez se atribuye más a la exposición a diversos contaminantes y a agentes tóxicos ambientales. Lo mismo sucede con cierto grado de retraso en el crecimiento intrauterino (RCIU), el cual se ha vinculado a defectos en el desarrollo del feto, que afectan de 3% a 5% de los nacimientos. Paralelamente, es posible nacer con bajo peso (PEE: pequeño para la edad de embarazo durante la gestación), pero sin retraso en el crecimiento intrauterino. Como quiera que sea, cualquier bebé prematuro y a término que tenga bajo peso al nacer (menos de 2.5 kg) corre mayor riesgo de padecer numerosas enfermedades, sobre todo debido a la inmadurez del sistema inmunológico. Esto da por resultado una fragilidad ante las infecciones, sobre todo las respiratorias. La obesidad, las deficiencias auditivas y visuales y las dificultades en el aprendizaje también pueden relacionarse con el nacimiento prematuro, si bien no se trata de una fatalidad, ya que por fortuna, un gran número de prematuros tiene una evolución completamente normal.

### Mayor número de abortos espontáneos y de malformaciones congénitas

Los abortos espontáneos y los nacimientos de niños con malformaciones han aumentado un poco en todo el mundo durante estas últimas décadas. Por ejemplo, en la región Rhône-Alpes la incidencia de malformaciones congénitas entre 1981 y 2009 pasó de 150 a 250 por cada 10 000 nacimientos; es decir, un aumento de 2.5% por año.[3] Al igual que en el caso de los nacimientos prematuros, son diversas las causas: accidentales, genéticas y relacionadas con el consumo de alcohol, tabaco, distintas drogas y medicamentos. Cabe mencionar también las deficiencias nutricionales secundarias, asociadas con una alimentación desbalanceada (sobre todo occidental, del tipo anglosajona: baja en vitaminas y minerales), sin olvidar, una vez más, las fuertes sospechas respecto a la exposición a varios agentes químicos temibles presentes en el ambiente inmediato. Es probable que esto sea una de las causas principales.

Se considera que aproximadamente entre 20% y 30% de las malformaciones morfológicas y metabólicas en la actualidad son de origen genético; 10% debidas a causas exógenas, como la ingesta de medicamentos o de drogas, o a infecciones contraídas durante el embarazo. ¡El resto, que se atribuye a "causas desconocidas", suma aproximadamente 60%! Entre ellas, los factores ambientales ciertamente deben ocupar un lugar preponderante, pero la complejidad de los estudios que se tienen que realizar ante los miles de compuestos químicos que rodean a las embarazadas alarga la duración de los análisis, de tal suerte que no esperes información más precisa sobre la peligrosidad sino hasta dentro de una o dos décadas, o incluso más. Sin embargo, puedes actuar desde ahora de manera muy concreta.

---

[3] Agencia Regional de Salud de Rhône-Alpes, *Las malformaciones congénitas en Rhône Alpes*, Expendientes de salud y ambiente de la ARS, agosto de 2012, número 8.

## Riesgos en función del período embrionario

| Semanas consecutivas a la fecundación | Etapas del desarrollo | Vulnerabilidad |
|---|---|---|
| 1ª semana vasos sanguíneos de la mucosa uterina / cavidad amniótica / útero / **mucosa uterina** | Segmentación del óvulo | Período de numerosas divisiones celulares; gran vulnerabilidad ante agentes químicos teratógenos[4] |
| 2ª semana pared uterina / tu bebé / cavidad uterina / decidua: mucosa que será eliminada en el parto cabeza / somitas: bloques de tejido de los que se derivarán músculos, ligamentos, cartílagos, piel y algunos huesos / esbozo cardíaco (corazón fetal) | Implantación | El embrión se implanta en el endometrio. Continúa la intensa sensibilidad a agentes teratógenos |

---

[4]   D.R. Wilson *et al.*, "Principles of human teratology: Drug, chemical and infectious exposure", *Journal of Obstetrics and Gynecology of Canada*, 29(11), 2007, pp. 911-917.

| Semanas consecutivas a la fecundación | Etapas del desarrollo | Vulnerabilidad |
|---|---|---|
| 2ª a 8ª semanas <br><br> | Embriogénesis y organogénesis | Período en el que se esbozan y se constituyen los órganos. Vulnerabilidad a agentes tóxicos que pueden dar lugar a malformaciones del cerebro, del corazón, del paladar, de los genitales, de los brazos y de las piernas, entre otros. |
| 8ª-38ª semanas <br><br> | Estadio fetal | Período de desarrollo y de crecimiento de los órganos. Hay sustancias tóxicas que pueden alterar el funcionamiento de los órganos; en ocasiones de manera irreversible. |

## Aumento en el riesgo de obesidad en el niño

La obesidad se relaciona con diversos factores. Si bien es cierto que una mala alimentación en el niño, y después en el adulto, es la principal causa de obesidad, existen otros elementos que no son calóricos, pero que contribuyen a la obesidad: el modo de vida de la madre durante el embarazo, por ejemplo, con un desequilibrio de la flora digestiva, y una vez más, la exposición repetida a diferentes contaminantes y agentes tóxicos químicos, como los perturbadores endócrinos,* que modifican el metabolismo en gran medida. Todo esto se encuentra cada vez mejor documentado, no obstante que la mayor parte de los análisis provenga de estudios experimentales (en animales). Como comprenderás, es importante la alimentación, particularmente cuando es adecuada, y la exclusión necesaria y posible de muchas sustancias químicas.

## Alteraciones en el desarrollo intelectual y en el comportamiento

Cada vez resultan más preocupantes los resultados difundidos en un gran número de publicaciones científicas. Entre ellas, un estudio reciente realizado en California referente a 329 niños de 7 años,[5] en el que se indica que los que estuvieron expuestos en el vientre de su madre o durante los primeros años de vida a plaguicidas organofosforados, muy utilizados en la actualidad, tenían un coeficiente intelectual 7 puntos inferior a los niños no expuestos.

El autismo y la hiperactividad (trastorno por déficit de atención e hiperactividad o TDAH, que afecta de 3% a 8% de los niños europeos) son trastornos del comportamiento cada vez más frecuentes. Entre las presuntas causas se encuentra la exposición a ciertos plaguicidas, al plomo* y a retardantes de llamas,* los cuales son productos ignífugos

[5] M.F. Bouchard, "Prenatal exposure to organophosphate pesticides and IQ in 7-year-old children", *Environmental Health Perspectives*, 119(8), 2011 ago, pp. 1189-1195.

presentes en gran cantidad de textiles. La exposición a ciertas ondas electromagnéticas también podría ser una causa, pero los estudios actuales aún son limitados y no siempre son suficientemente confiables, lo que no impide tomar cierto número de precauciones, sobre todo en relación con los teléfonos celulares, de acuerdo con las recomendaciones de los pediatras estadounidenses.

## Cada vez más cánceres, sobre todo en los niños

La cantidad de nuevos casos registrados de cánceres se ha incrementado de manera alarmante desde hace algunas décadas: en 111% entre 1980 y 2012, sin distinción de edades (de acuerdo con el Instituto de Supervisión Sanitaria). Una parte de estos nuevos casos se atribuye al aumento y al envejecimiento de la población, pero la otra obedece a causas relacionadas con un ambiente contaminado, las cuales se agrupan bajo el rubro de *causas indeterminadas o aleatorias*, y únicamente alrededor de 5% de los cánceres son de origen genético.

Los cánceres de niños y de adolescentes, que son por fortuna muy raros, se encuentran entre los que aumentan más rápidamente (+ 1.5% por año en los niños y + 1.7% en los adolescentes). La incidencia de cáncer testicular, por ejemplo, se incrementó de 60% hasta más de 100% (¡126% en el Bas-Rhin!) entre los años 1973 a 1997, según el país. Este es un incremento que no puede atribuirse al envejecimiento de la población, ya que afecta a adultos jóvenes.

# LOS MECANISMOS IMPLICADOS EN LOS FACTORES AMBIENTALES

Son multifactoriales, pero es posible señalar resumidamente tres factores principales.

## Los perturbadores endócrinos

Estas sustancias químicas son la causa (o eso se sospecha) de diversos trastornos de la salud que en ocasiones actúan en dosis cien mil veces inferiores a las que antes se consideraban inocuas. Perturban el equilibrio hormonal, sobre todo el del feto, al tomar el lugar de las hormonas o al bloquearlas a nivel de los receptores de las células. Entre estas se incluyen plaguicidas y muchos otros productos químicos, y productos o subproductos industriales, como el policloruro de vinilo (PVC)* o la dioxina.* Otros causantes son los contaminantes que se encuentran presentes en los objetos de la vida cotidiana, como el bisfenol A,* los ftalatos* o los retardantes de llamas.* Todavía hace algún tiempo (marzo 2011 en la Unión Europea), había bisfenol A, uno de los desestabilizadores hormonales más estudiados en los biberones (véase anexo *Principales contaminantes y perturbadores endócrinos*).

## El efecto coctel

Este efecto se refiere a la exposición a diversos productos químicos que interactúan entre sí. A través de los alimentos, de productos domésticos, etc. se absorben e inhalan diariamente una gran cantidad de contaminantes y agentes tóxicos químicos. Aunque la cantidad absorbida de cada uno de ellos puede ser neutralizada en parte por el cuerpo, dependiendo del grado de exposición, las combinaciones e interacciones entre las diferentes sustancias multiplican los riesgos para la salud, así como, por desgracia, las dificultades para la investigación sobre sus repercusiones.

Una ONG estadounidense analizó la sangre del cordón umbilical de 10 recién nacidos[6] y encontró, en promedio, 200 productos químicos distintos, de los cuales cerca de 20 eran plaguicidas. ¡Esto en la sangre de cada bebé! La única solución posible es lograr reducir las exposiciones a estas sustancias.

## La transmisión epigenética

Algunos genes pueden, bajo la influencia de diversos factores medioambientales, ser desactivados (sin tener que sufrir una mutación) y, por ejemplo, ofrecer menor protección al cuerpo o desencadenar alteraciones mayores, las cuales pueden transmitirse a lo largo de varias generaciones bajo la forma de memoria celular. Hasta ahora se había pensado a la inversa, que un gran número de patologías ocasionadas por la contaminación (entre otras cosas) no podían transmitirse a las generaciones siguientes, preservándose intacto el patrimonio genético. En la actualidad sabemos que esto es falso, gracias al descubrimiento de estos mecanismos de transmisión epigenéticos.*

Que sepas dónde se alojan las sustancias químicas y los contaminantes tóxicos del medioambiente debe ser una prioridad, para que así puedas evitarlos.

# LAS SOLUCIONES
## Oriéntate hacia lo orgánico

De todas las amenazas que pesan sobre el feto y el niño pequeño, la exposición a los plaguicidas no solo es una de las más preocupantes, sino probablemente una de las que más se subestiman.

---

[6]   Estudio realizado por el Environmental Working Group.

La alimentación es la vía principal por la cual los plaguicidas penetran en nuestro cuerpo, como lo han confirmado muchos estudios.[7,8] Un estudio norteamericano da prueba de ello: durante tres días, los investigadores dieron a un grupo de niños una alimentación equilibrada a base de alimentos convencionales, y midieron la cantidad de malatión,* un insecticida que se mide a través de la orina. Durante los siguientes cinco días, dieron a los niños la misma alimentación, pero con alimentos orgánicos: la cantidad de malatión presente en la orina disminuyó diez veces. A lo largo de una tercera fase, regresaron a la alimentación convencional, y la cantidad de malatión recobró el nivel de la primera fase.

La única solución para reducir radicalmente la exposición a plaguicidas es consumir alimentos orgánicos. Si no puedes hacerlo al 100%, debe volverse una prioridad para ti.

### ¿Cómo se nutre el embrión?

No es sino hasta después de las 11 semanas de embarazo cuando se establece la irrigación sanguínea a partir de la irrigación de la madre. El suministro nutricional puede realizarse de manera directa. Antes de ese estadio, el embrión no podría resistir la fuerza generada por la circulación arterial. Los científicos de la Universidad de Manchester han elucidado que el mecanismo mediante el cual el embrión se nutre es a través de las células de la mucosa uterina, llamadas *células glandulares de la mucosa uterina*, que transmiten los nutrientes necesarios. Los investigadores insisten en la importancia de una nutrición adecuada y suficiente durante el primer trimestre: período crucial para el embrión.

---

[7]   C. Lu *et al.*, "Organic diets significantly lower children's dietary exposure to organophosphorus pesticides", *Environmental Health Perspectives*, 114(2), 2006 feb, pp. 260-263.

[8]   L. Oates, "Reduction in urinary organophosphate pesticide metabolites after a week-long organic diet", *Environmental Research*, 132, 2014 jul, pp. 105-111.

Existen diferentes sellos de certificación\* de alimentos orgánicos, que corresponden a especificaciones relativas a la forma de producir y transformar el producto (de ello hablaremos más adelante). En ocasiones se añaden las palabras SOLIDARIO O EQUITATIVO, que implican el respeto a las reglas del comercio solidario (norte-norte) o equitativo (norte-sur), y cada vez se sustituyen más por la etiqueta BIO SOCIO. Un agricultor puede cultivar productos orgánicos y no orgánicos (autorizado por las especificaciones europeas, con la condición de que se trate de producciones diferentes y adecuadamente separadas).

Otra fuente importante de exposición a los plaguicidas es la inhalación de productos para la limpieza (llamados *organicidas*), que se utilizan en el jardín o en la casa. Pueden aumentar considerablemente, e incluso duplicar, según varios estudios,[9] el riesgo de leucemia en el niño.

Pese a que las consecuencias para la salud ocasionadas por la exposición no profesional a los plaguicidas se han discutido largamente en los últimos años, en estudios recientes se han establecido correlaciones claras entre esta exposición y diversas anomalías y patologías (véase anexo *Plaguicidas implicados de manera importante por sus efectos en el embarazo y en el desarrollo del bebé*).

El impacto de la exposición profesional está bien documentado: de acuerdo con varios estudios,[10] el hecho de que la madre haya es-

---

[9] F. Menegaux *et al.*, "Household exposure to pesticides and risk of childhood acute leukaemia", *Occupational and Environmental Medicine*, 63(2), 2006 feb, pp. 131-134. Y M.C. Turner "Residential pesticides and childhood leukemia: A systematic review and meta-analysis", 16(3), 2011 feb, pp. 1915-1931.

[10] F. Vinson *et al.*, "Exposure to pesticides and risk of childhood cancer: A meta-analysis of recent epidemiological studies", *Occupational and Environmental Medicine*, 68(9), 2011 sep, pp. 694-702. B. Kunkle *et al.*, "Increased risk of childhood brain tumors among children whose parents had farm-related pesticide exposures during pregnancy", *JP Journal of Biostatistics*, 11(2), 2014 nov, pp. 89-101. M. Lacasana *et al.*, "Maternel and paternel occupational exposure to agricultural work and the risk of anencephaly", *Occupational and Environmental Medicine*, 63(10), 2006 oct, pp. 649-656.

tado expuesta a plaguicidas de la agricultura convencional, antes de la concepción o durante el embarazo, aumenta el riesgo de cáncer en el niño, sobre todo de cerebro.

## Evitar la exposición a sustancias peligrosas

Una gran cantidad de objetos de la vida cotidiana contiene productos químicos cuyas repercusiones para la salud no han sido evaluadas, o no lo suficientemente, antes de salir al mercado.

El **bisfenol A,**\* componente presente en algunos plásticos, plantea un gran número de problemas. Las publicaciones científicas son muy abundantes acerca de este tema, y nosotros los autores, sobre todo en el marco del Sistema Ambiental de Salud, participamos para sensibilizar a los políticos europeos con el propósito de que finalmente se prohibiera este componente en los biberones, en marzo de 2011. Era importante lo que estaba en juego, pero los legisladores debieron haber exigido más. El bisfenol A imita a algunas hormonas, lo cual da por resultado un aumento en la incidencia de abortos espontáneos, como se señala en un estudio realizado en Japón.[11] En otro estudio[12] se ha sugerido que la exposición al bisfenol A durante el embarazo disminuye el índice de la hormona tiroidea T4 en la madre y de la hormona THS en bebés varones. Cabe mencionar que estas hormonas desempeñan un papel esencial en el crecimiento prenatal y posnatal, sobre todo en el desarrollo del cerebro. Resulta sorprendente que, pese a las investigaciones que subrayaban los riesgos, las autoridades sanitarias hayan pasado tanto tiempo sin alarmarse, y que hubiera sido necesario emprender acciones rigurosas para lograr que el bisfenol A

[11] M.S. Ogasawara *et al.*, "Exposure to Bisphenol A is associated with recurrent miscarriage", *Human Reproduction*, 20(8), 2005 ago, pp. 2325-2329.

[12] J. Chevrier *et al.*, "Maternal urinary Bisphenol A during pregnancy and maternal and neonatal thyroid function in the CHAMACOS study", *Environmental Health Perspectives*, 121(1), 2013 ene, pp. 138-144.

se prohibiera en los biberones.[13] No obstante, el bisfenol A sigue presente, en concentraciones variables, en diversos materiales plásticos que están en contacto con los alimentos o que se encuentran en las resinas epóxicas que recubren el interior de las latas de conserva, de las licuadoras y los procesadores de alimentos y hasta de algunos tickets o en recibos de tarjetas bancarias.[14] La sorpresa es que, más allá de la falta de transparencia en los modelos de evaluación de las autoridades sanitarias, se encuentran en total contradicción con los resultados científicos obtenidos sobre todo por investigadores y universitarios, como la profesora Ana Soto de la Universidad de Medicina Tufts de Boston, en los Estados Unidos, que es una de las especialistas mundiales más renombradas en el tema.

Los **ftalatos**\* constituyen una familia química presente en un gran número de materiales plásticos, porque sirven como suavizantes.

---

[13] Se recomienda elegir siempre biberones libres de policarbonato (PC) y PVC, con tetinas de silicona y no de látex. Específicamente, se aconsejan solo los envases que indiquen los números 1 (PET), 2 (HDPE), 4 (polietileno de baja densidad) y 5 (PP), y evitar los números 3 (PVC), 6 (PS) y 7 (PC), este último responsable de la eliminación del bisfenol A. En la mayoría de los productos es posible visualizar los números en el triángulo del código del reciclado. Natural Feeling® es una marca de biberones recomendable en este sentido y de venta en México. A lo largo de las siguientes páginas, sugerimos a lectoras alternativas a las marcas recomendadas por los autores, muchas de ellas disponibles solo en el mercado francés, que puedes adquirir en tiendas naturistas y orgánicas de prestigio, o bien en internet. No obstante, en todos los casos, te recordamos la importancia de revisar las etiquetas antes de adquirir cualquier producto, siguiendo las recomendaciones que los autores ofrecen en el libro [N. de E.].

[14] Supuestamente se ha prohibido en todos los contenedores alimenticios en Francia desde el 1° de enero de 2015 (en el caso de la porción que está en contacto directo con los alimentos). La Dirección General de Salud (DGS) afirmó en septiembre de 2015 que "el bisfenol A está prohibido en los envases, los contenedores y los utensilios alimenticios en el territorio nacional". Esperemos que las medidas de control sean lo suficientemente eficaces, sobre todo en lo que respecta a los productos de importación. En cuanto a las instancias europeas, estas minimizan de manera asombrosa el impacto del bisfenol A sin explicar sus métodos de investigación.

Algunos de ellos también son perturbadores endócrinos,* y en muchas investigaciones se ha señalado que pueden modificar el metabolismo del cuerpo. Asimismo, pueden provocar trastornos de la reproducción en adultos, en caso de exposición fetal, y aumentar el riesgo de asma y de alergias durante la infancia. Debes evitar que el piso de la recámara que se tiene destinada para el bebé sea de PVC,* puesto que contiene ftalatos, que están igualmente presentes en algunos tipos de papel tapiz. Algunos juguetes también pueden contenerlos, pero afortunadamente, los que han sido identificados como más problemáticos ya se han prohibido. Pese a que no es posible considerar a todos los ftalatos de la misma manera, es muy probable que algunos que actualmente están autorizados dejen de estarlo en el futuro.

## Evitar la exposición a *metales pesados* o a *metales traza*

Los metales pesados (principalmente el mercurio,* el plomo* y el cadmio*), o más específicamente los *metales traza*,* pertenecen a una familia de contaminantes muy abundantes en el ambiente, siendo los más preocupantes el plomo y el mercurio, porque pueden tener efectos muy perjudiciales en el desarrollo del cerebro del niño.

La contaminación por **plomo** se ha revertido, por fortuna, a partir de que la gasolina ya no lo contiene más y que las pinturas a base de plomo, aún presentes en algunas construcciones antiguas, han sido eliminadas paulatinamente. En cuanto a las tuberías de plomo, se han sustituido de forma progresiva, si bien, de todas maneras, la cal que las recubría en su mayor parte aminoraba también el riesgo de contacto directo con el agua. Las fuentes de exposición pueden provenir de productos *a priori* anodinos, como la utilización de velas para interiores con mechas en parte metálicas y las exposiciones por motivos profesionales. En fechas recientes también se ha encontrado plomo en algunos tés provenientes de Asia (contaminaciones industriales específicas). Para limitar el riesgo, la infusión de estos tés no debe no debe superar los dos minutos. Sabemos desde hace mucho tiempo que la exposición al plomo durante el embarazo favorece el retraso en el crecimiento intrauterino, los nacimientos prematuros, las demoras en el aprendizaje y las de carácter cognitivo y, más graves aún, las muertes perinatales, ya que el plomo que parte de esas sustancias traspasa fácilmente la barrera placentaria. Afortunadamente, esto solo ocurre en niveles elevados de exposiciones.

La contaminación por **mercurio** se detalla en las páginas 94-95, en relación con el pescado. Las amalgamas dentales antiguas constituyen otra fuente de contaminación de mercurio. Una parte mínima pasa por la saliva, pero el hecho de mascar chicle aumenta su concentración. Las extracciones de este tipo de amalgamas deben confiarse solo a dentistas especializados y en ningún caso deben realizarse durante el período que comprende los seis meses previos al embarazo hasta el final del amamantamiento, puesto que puede haber liberaciones masivas de mercurio.* Esto no te impide acudir al dentista; por el contrario, es indispensable que te realices un examen minucioso de los dientes, y, en caso de gingivitis, se imponen cuidados apropiados, ya que la gingivitis es muy frecuente durante el tercer trimestre del embarazo. En caso de una exposición fuerte al mercurio durante el embarazo, lo que afortunadamente es muy raro pero que en ocasiones puede obedecer a motivos profesionales o accidentales, pueden desarrollarse trastornos neurológicos considerables, como retraso mental en el niño, e incluso microcefalia en 25% de los casos observados durante una exposición anormal. La referencia es una catástrofe ecológica que tuvo lugar en Japón, por el mercurio que derramaron las fábricas químicas de la sociedad Shin Nippon Chisso entre 1932 y 1968 en la bahía de Minamata.

El **cadmio**\* es otra sustancia peligrosa, menos conocida, aunque muy común en el ambiente. Es un perturbador endócrino,* de manera particularmente persistente y tiene efectos tóxicos comprobados en casos de exposiciones crónicas (afección respiratoria, afección renal o nefritis y cánceres, entre otros). Las principales fuentes de contaminación son el tabaquismo activo de la madre, así como del padre. Por otra parte, con respecto a la alimentación, no es aconsejable que consumas vísceras (hígado, riñones), porque pueden contenerlo. El cadmio también está presente en algunos vegetales, pero en dosis no tóxicas, a menos que la tierra haya sido regada con aguas residuales en forma de abono. Otra fuente de exposición problemática es de origen profesional, en el caso de las mujeres que trabajan en ciertas industrias (sobre todo en la fabricación de pilas), aunque hay supervisión en el marco de la medicina del trabajo. En cuanto a ti, es muy importante que evites el contacto con el humo del cigarro; y por último es conveniente evitar el consumo de vísceras.

Lamentablemente, esta lista de sustancias tóxicas dista mucho de ser completa. La información concerniente a los diferentes compuestos químicos sintéticos utilizados no ha sido estudiada (o lo ha sido pero insuficientemente) en los distintos productos industriales, y concierne a 86% de los productos que actualmente se encuentran en el mercado, ¡lo cual es una aberración! Los productos no solo están mal evaluados en el plano toxicológico para la población en general, sino que, en el caso de las mujeres embarazadas, la situación es aún peor.

¡Algunas pruebas toxicológicas ni siquiera se requieren por debajo de cierto tonelaje de producción de sustancias! Cabe señalar que los poderes públicos protegen a las personas de manera insuficiente. En ocasiones se decretan reglas de acuerdo con criterios no médicos ni científicos. Las pseudopreocupaciones económicas frenan las políticas intervencionistas de prevención y propician desastres humanos con un costo abismal en los cuidados, que cada vez son menos costeables para los países. Afortunadamente, y con el fin de proteger a tu futuro bebé, es posible que reduzcas la exposición a una gran cantidad de sustancias una vez que las identifiques.

## Libérate de distintas sustancias psicoactivas

Si bien es indispensable sustraerse de las sustancias tóxicas ambientales, también es fundamental no incrementar la exposición de tu feto a sustancias que sabes que son funestas, como el tabaco, el alcohol y distintos compuestos psicoactivos. Aunque en el siguiente capítulo abordaremos este aspecto, no subestimes en ningún caso los efectos extremadamente nocivos de estos productos en el feto (revisa la siguiente tabla). Es indispensable frenar el consumo de estos productos, aunque esta operación no siempre se pueda poner en marcha sola debido a los mecanismos de dependencia. Háblalo con tu médico, con tu partera o con tu obstetra. El embarazo es el momento privilegiado para tomar conciencia del peligro de algunos hábitos.

| Sustancias psicoactivas | Riesgos obstétricos | Efectos en el feto y en el recién nacido |
|---|---|---|
| Tabaco | Riesgo elevado de retraso en el crecimiento intrauterino y abortos | Revisa las pp. 45-47 |
| Alcohol | Los mismos que el tabaco | Riesgo elevado de malformaciones y síndrome de abstinencia neonatal |
| Cannabis | Riesgo elevado de partos prematuros | Riesgo elevado de trastornos de conducta en el recién nacido |
| Cocaína | Riesgo elevado de retraso en el crecimiento intrauterino y abortos | Riesgo elevado de malformaciones y de mortalidad neonatal |
| Opiáceos | Los mismos que la cocaína | Riesgo elevado de mortalidad neonatal y síndrome de abstinencia neonatal |

A esta lista deben añadirse todas las drogas sintéticas que se consumen cada vez con mayor frecuencia (por ejemplo, el éxtasis).

Insistimos sobre todo en el hecho de no banalizar el consumo de estas sustancias psicoactivas, incluso ocasionalmente. Resístete a las personas de tu medio que a veces las consumen y que tal vez no tomen suficientemente en serio las consecuencias que tienen en las embarazadas. Es evidente que el multiconsumo de alcohol y de drogas diversas incrementa en gran medida los efectos negativos potencialmente catastróficos para el desarrollo de tu futuro bebé.

Es necesario pedir ayuda durante el proceso de abstinencia. Existen numerosos equipos especializados en los servicios de adicciones en los hospitales, así como clínicas que ofrecen un tratamiento personalizado.

## Cuidado con los contaminantes en el aire libre y en el interior

Exponerte al aire contaminado puede tener consecuencias para el embrión. Entre los numerosos contaminantes del aire libre, las partículas finas (PM 2.5, es decir aquellas cuyo diámetro es inferior a 2.5 micrómetros, conforme el término inglés *particulate matter*) parecen constituir un riesgo aún más importante, como se demostró en una amplia encuesta realizada por la Organización Mundial de la Salud.[15] Estas partículas son emitidas por los motores de diesel, así como por un cierto sector de la industria y de la agricultura. Entre los contaminantes del aire libre tenemos que citar a los óxidos de nitrógeno, los compuestos orgánicos volátiles (COV),* el monóxido de carbono, el dióxido de azufre y los hidrocarburos aromáticos policíclicos (HAP),* entre otros.

Evidentemente, no es posible actuar de forma directa contra esta contaminación del aire libre, puesto que es competencia, en términos de reglamentación, de las autoridades sanitarias y políticas. No obstante, tú puedes reducir la contaminación generada involuntariamente

---

[15] OMS, *Aide-mémoire*, núm. 313, 2014 mar.

en tus habitaciones, lo cual es algo que con frecuencia se subestima. Al disminuirla, tu organismo neutralizará con mayor facilidad las otras sustancias exteriores, gracias a los diversos mecanismos de defensa propios de cada individuo (sobre todo gracias a las enzimas y a las pequeñas proteínas llamadas *quimiocinas*).

## Cuidado con las ondas electromagnéticas de los teléfonos celulares, del wifi, de la tableta...

Sin querer generar un discurso alarmista, y ante estudios contradictorios, no se aconseja, sin embargo, que los niños y los preadolescentes utilicen teléfonos celulares más que en situaciones de urgencia. ¡Lo que es verdad para los niños lo es, *a fortiori*, para el embrión, incluso si no es él quien los usa!

Las ondas pueden tener repercusiones en el cuerpo, debido a la estructura oscilatoria y rotatoria de los átomos y de sus electrones. Sin entrar en detalles demasiado técnicos, algunas frecuencias emitidas por los diferentes tipos de aparatos pueden crear efectos de resonancia e inducir de esta manera modificaciones en el funcionamiento celular. En virtud de la perturbación de la permeabilidad de la membrana de las células entre el interior (medio intracelular) y el exterior (medio extracelular: sangre, linfa), se han observado en experimentos en animales modificaciones en la repartición de diferentes iones que engendran trastornos biológicos. Las neuronas del cerebro, y específicamente las de una zona llamada *hipocampo*, son vulnerables a esto, ya que esta región del cerebro se relaciona con la memoria y con las capacidades de concentración y aprendizaje. Por ello, no podemos más que aconsejarte no correr ningún riesgo de "programación" neurobiológica para tu futuro bebé.

Es posible que, además de la exposición a distintas sustancias químicas nocivas que impactan al cerebro en desarrollo, existan diversos trastornos cognitivos y psíquicos (sobre todo por deficiencia de atención) que se relacionan en parte con las exposiciones repetidas y precoces a ciertos tipos de ondas. Estos factores tal vez influyan en las susceptibilidades individuales, como nos lo confirmarán futuras investigaciones.

El aumento en la frecuencia del autismo es preocupante, como lo atestiguan diferentes investigaciones. En la década de 1980, se estimaba que uno de cada 1 000 niños podían verse afectados. Sin embargo, un estudio realizado en Corea del Sur en 2011 aportó cifras mucho más alarmantes acerca del autismo y de las deficiencias intelectuales de los niños en países occidentales: en los Estados Unidos, alrededor de uno de cada seis niños presenta una deficiencia intelectual, que va de benigna (como trastornos menores del lenguaje) hasta grave (autismo). No se ha excluido que la exposición a ciertas frecuencias favorezca estos estados.

De cualquier modo, varias instituciones, como la Agencia Nacional de Seguridad Sanitaria de la Alimentación, del Ambiente y del Trabajo (Anses), en Francia, y la Academia Estadounidense de Pediatría, al igual que los pediatras, cada vez se preocupan más por las consecuencias de la exposición a diversas fuentes de ondas. Por su parte, en 2011 la Organización Mundial de la Salud clasificó las ondas de los teléfonos celulares como probables cancerígenos (categoría 2B). De hecho, se ha observado un incremento de 30% en el riesgo de cáncer de cerebro (glioma), con posibilidad de triplicarse al final de 25 años de uso intensivo. El análisis del impacto de las diferentes ondas electromagnéticas en el desarrollo embrionario continúa bajo estudio, así como su grado de peligro (los estudios experimentales se realizan, claro está, en animales).

Durante todo tu embarazo, deberás seguir las siguientes recomendaciones, que son fáciles de llevar a la práctica:

- Nunca duermas con un teléfono celular encendido.
- Reduce a lo estrictamente necesario el uso de teléfonos celulares y privilegia los audífonos que te permitan alejar el aparato.

- Prefiere el uso de teléfonos alámbricos.
- En caso de uso ocasional de un teléfono celular, nunca lo utilices en movimiento (caminando, en coche...), porque la potencia de captación aumenta en gran medida.
- Evita en lo posible la exposición al wifi.
- Reduce marcadamente el uso de todos los aparatos que emiten ondas electromagnéticas, en particular durante tu embarazo.

## Hacer todo lo posible para reducir el estrés

El desarrollo del feto se optimiza cuando la madre goza de buena salud, lo que parece evidente. No obstante, insistimos en los aspectos psíquicos; en primer lugar, en la consideración del factor estrés. El exceso de estrés y de trastornos emocionales tiene una influencia negativa en varios niveles: en el índice de circulación de las diferentes hormonas y de los diferentes neurotransmisores del cerebro, así como en el estado nutricional. En estas situaciones, pueden surgir dos tipos de comportamientos alimenticios: antojos por lo dulce que desequilibran la ración alimenticia y pérdida del apetito. Ambos modifican el aporte alimenticio y se acompañan de riesgos de deficiencias cualitativas y cuantitativas de los nutrientes indispensables para el desarrollo hormonal del embarazo.

Es necesario, por tanto, contar con los medios para que crees un entorno favorable. Esto no debe ser un deseo piadoso, sino una necesidad que debes poner en marcha sin demora, desde el inicio del primer trimestre. El buen desarrollo de tu embarazo, así como el desarrollo óptimo de tu hijo, dependen de ello.

### En caso de condiciones laborales desfavorables, toma las medidas adecuadas

Un amplio estudio dirigido por el Instituto Nacional de la Salud y de la Investigación Médica (Inserm), de Francia, llevado a cabo en cerca de

60 000 mujeres, publicado en 2009, llamó la atención sobre el hecho de que las embarazadas que trabajan como empleadas domésticas, así como las que trabajan como peinadoras, tenían más riesgo de procrear hijos con malformaciones (dos veces y medio más riesgo). ¿Cómo interpretar esto? Sencillamente porque manipulan e inhalan más productos químicos de uso común que la mayoría de las otras mujeres. Por supuesto, se trata de un uso profesional, pero estos resultados son alarmantes y el silencio de los legisladores es inexplicable, puesto que deberían emitirse fuertes medidas de prevención. La exposición repetida a los componentes de los productos de limpieza convencionales es preocupante para todos, sin excepción, y en particular para las embarazadas. Al respecto te proporcionaremos posibles alternativas más adelante.

En el plano laboral, en teoría te encuentras protegida de distintos tipos de riesgos, ya que la medicina del trabajo tiene la obligación de informarte acerca de las sustancias que resultan peligrosas para las mujeres embarazadas. Además, actualmente la normatividad exige al patrón evaluar los riesgos vinculados a cualquier puesto de trabajo que ocupe una mujer encinta; por lo tanto, no deberás estar en contacto directo con sustancias reprotóxicas* de la categoría 1 y 2 ni con mutágenos.* Es necesario que sepas las cantidades que inhalas y que manipulas, ya sea cotidiana u ocasionalmente. Debes recibir (o en su defecto exigir) indicaciones exhaustivas sobre los riesgos a los que estás expuesta. Sin embargo, según una evaluación de la revista francesa *Prescrire*,[16] ¡únicamente 42% de los fabricantes respeta esta regla!

Solo podemos constatar que los legisladores no destinan los medios necesarios para evaluar las sustancias tóxicas que pueden ocasionar lesiones al feto. En cuanto a los empresarios, ocultan algunos datos toxicológicos, como ocurrió en los Estados Unidos en relación con el PFOA,* que se utiliza en la fabricación de los revestimientos

---

[16] *Prescrire*, 28(297), 2008, pp. 546-547.

antiadherentes de algunos sartenes (véase p. 107). De igual forma, si trabajas en sectores como el de la fabricación o la manipulación de sustancias químicas (farmacia, pintura o cualquier otro producto de remodelación, plaguicidas, entre otros), o de materiales plásticos, o en cualquier otra actividad que te ponga en contacto con sustancias químicas, mantente extremadamente alerta. El paso a seguir es informar desde un inicio, al médico del trabajo y a tu médico tratante, que estás embarazada. Si te encuentras en una situación que te exponga al riesgo (en teoría deberías tomar precauciones efectivas, incluso antes de embarazarte), tu patrón debe procurarte un trabajo más adecuado a tu estado (de naturaleza administrativa, por ejemplo). Si eso no es posible, deja de trabajar y deberán darte, dependiendo de la normatividad, una indemnización relativa a tu antigüedad. En el plano económico, esto puede plantearte algunas preocupaciones pero, tomando en cuenta los riesgos, es crucial que te alejes de todos los peligros que puedan originar malformaciones, retraso mental o disminuciones del perímetro craneal (microcefalia) en tu hijo.

En términos más generales, tampoco debes exponerte a riesgos de origen biológico o a los rayos ionizantes, que corresponden a los rayos particularmente magnéticos. Esto se refiere, por ejemplo, a las mujeres con trabajaos técnicos en los que manejan aparatos de radiología.

Sé determinante ante tu patrón, sea público o privado. Hemos podido constatar a lo largo de nuestras consultas que algunos de ellos no respetan ciertas reglas. La protección laboral de las mujeres encintas es, en gran cantidad de casos, considerablemente insuficiente. No dudes en informarte y en consultar al médico del trabajo, a tu médico tratante, a tu partera o a tu obstetra, en caso de ser necesario.

## Practica periódicamente ejercicio físico

Esto puede parecer trivial, pero el ejercicio físico es indispensable, incluso durante el embarazo. Se ha señalado en gran número de estudios[17] que practicar ejercicio moderado durante el embarazo es benéfico tanto para la madre como para el bebé. En uno de ellos se comparó a mujeres que realizaban dos horas semanales de ejercicio con otras que únicamente lo hacían durante 12 minutos. ¡La actividad cerebral de los bebés de las madres del primer grupo fue superior a la de los bebés del segundo grupo! Por lo demás, la práctica de un ejercicio moderado (por ejemplo, caminata, natación o bicicleta, con prudencia para que no te canses) disminuye, de manera general, el riesgo de hipertensión y de diabetes, a partir del momento en el que se asocia con una alimentación sana. Los beneficios son muchos, ya que el riesgo de cesárea se reduce, así como el de tener un bebé pasado de peso al nacer.

Sorprendentemente, la práctica de ejercicio físico por parte del padre tiene, asimismo, efectos benéficos en la calidad del esperma, pero también, según un experimento realizado con ratones, ¡en el desarrollo intelectual del niño! Los ratones cuyo progenitor había realizado ejercicio durante seis semanas previas a la concepción tuvieron capacidades de aprendizaje y una memoria superiores a las de los ratoncitos nacidos de padres sedentarios. Apostamos que es el caso del padre de tu futuro bebé…

---

[17] K. Melzer *et al.*, "Physical activity and pregnancy", *Sports Medicine*, 40(6), 2010, pp. 493-507. O. Oken *et al.*, "Association of physical activity and inactivity before and during pregnancy with glucose tolerance", *Obstetrics & Gynecology*, 108(5), 2006 nov, pp. 1200-1207.

# Los principales enemigos públicos

## Los efectos de nuestro modo de vida en el embarazo y en el niño pequeño

# EL TABACO, ENEMIGO PÚBLICO # 1

La siguiente observación es ampliamente conocida por todos en la actualidad: el humo del tabaco es una mezcla de sustancias tóxicas. Es peligroso para quienes fuman, para quienes los rodean y para el bebé que está por nacer.

Las complicaciones afectan a la madre, con riesgos importantes de hemorragias, de hematomas retroplacentarios y de rotura prematura de membranas (o de la fuente), entre otros. El tabaquismo también es una de las principales causas de retraso en el crecimiento intrauterino del embrión y de nacimiento prematuro. También se considera que el tabaquismo de la madre durante el embarazo favorece la muerte súbita del lactante, la mortalidad infantil durante el primer año, un perímetro craneal reducido en el bebé y numerosas afecciones (en particular respiratorias). Algunas malformaciones (de la cadera, labio leporino, etc.) también son más frecuentes en caso de tabaquismo. Por último, los órganos reproductivos de los niños y de las niñas quedan debilitados. En el siguiente cuadro, se presenta una lista de las enfermedades cardiovasculares y los tipos de cáncer ocasionados por el tabaquismo.

Si aún fumas, es probable que no te hayas sensibilizado suficientemente por estas cuestiones. Es el caso de una gran cantidad de mujeres, como lo atestiguan las cifras: 21.8% de las embarazadas fuma y 15% lo hace incluso durante el tercer trimestre de su embarazo. Así, más de 150 000 niños por año son intoxicados *in utero*. Es dramático. Consulta urgentemente a tu médico, quien te indicará los pasos a seguir para dejar de fumar con la mayor rapidez posible.

El siguiente cuadro presenta la lista de los principales componentes responsables de las patologías causadas por el tabaco. Esta lista no es exhaustiva, porque los fabricantes de tabaco añaden gran cantidad de aditivos cuya combustión genera la formación de múltiples compuestos: hasta más de 1 000.

| Agentes causantes | Enfermedades causadas | Potenciadores o agentes asociados |
|---|---|---|
| Principales: monóxido de nitrógeno, óxidos de nitrógeno, ácido cianhídrico, alquitranes Igualmente: cadmio, zinc, monóxido de carbono | Enfermedades cardiovasculares | Nicotina, agentes alquilantes |
| Cianuro de hidrógeno, aldehídos volátiles, óxidos de nitrógeno, monóxido de carbono, alquitranes | Trastornos crónicos de la respiración (ventilación pulmonar) | |
| Principales: hidrocarburos polinucleares aromáticos, NNK++ Igualmente: formaldehído, acetaldehído, cromo, cadmio, níquel | Cáncer de pulmón y de laringe | Catecol, promotores de tumores, acetaldehído, agentes alquilantes |
| Principales: NNN+, NNK++ Igualmente: hidrocarburos polinucleares aromáticos | Cáncer de la cavidad bucal | Herpes simple, alcohol |
| NNN+ | Cáncer de esófago | Alcohol |
| 4-aminofenol, 2-naftilamina, otras aminas aromáticas | Cánceres urinarios y de la vejiga | |
| NNK++, NNAL+++ | Cáncer de páncreas | |
| Principal: nicotina Igualmente: alcaloides de nicotina, agentes de aromatización | Dependencia al tabaco | Acetaldehído |

+NNN: N-nitrosonornicotina
++NNK: 4-(metilnitrosamino)-1-(3-piridil)-1-butanona
+++NNAL: 4-(metilnitrosamino)-1-(3-piridil)-1-butanol

Entre los numerosos aditivos que los fabricantes añaden al tabaco, se encuentran:

- Humectantes (glicerol, propilenglicol y otros), que pueden llegar a representar hasta 5% del peso del cigarro.
- Aromatizantes, incluido amoníaco y derivados amoniacales.
- Agentes de combustión, principalmente los nitratos.

## Principales riesgos por la exposición al tabaco para el bebé

| Tipo de tabaquismo | Riesgos para el feto y el bebé |
|---|---|
| Tabaquismo materno durante el embarazo | Retraso en el crecimiento intrauterino<br>Aborto<br>Nacimiento prematuro<br>Asma<br>Aumento en el riesgo de cáncer<br>Aumento en el riesgo de muerte súbita infantil<br>Trastornos de la conducta en el niño<br>Aumento en el riesgo de obesidad<br>Bajo peso al nacer<br>Talla pequeña del bebé<br>Bajo rendimiento escolar<br>Incremento en enfermedades respiratorias<br>Aumento en el riesgo de dependencia a la nicotina |
| Tabaquismo paterno durante el embarazo | Aumento el riesgo de cáncer<br>Bajo peso al nacer<br>Talla pequeña en el niño |
| Tabaquismo paterno y materno después del nacimiento | Aumento de la frecuencia de otitis, de asma, de bronquitis, de anginas y de neumonías, y en el riesgo de muerte súbita en el bebé |

Por lo tanto, dejar de fumar desde la concepción, e incluso antes, es una prioridad absoluta que no solo concierne a la madre, sino a su pareja: el tabaquismo llamado *pasivo* o *indirecto* es igualmente peligroso, debido a la inhalación del humo.

# EL ALCOHOL, ENEMIGO PÚBLICO # 2

Los efectos devastadores del consumo de bebidas alcohólicas durante el embarazo también están muy bien identificados. El alcohol que absorbe la madre atraviesa la placenta y puede ocasionar, en ciertos casos, el síndrome de alcoholismo fetal (2 000 niños son afectados cada año), el cual se manifiesta sobre todo por malformaciones del rostro, retraso en el crecimiento y perturbaciones en el desarrollo intelectual. El peligro existe durante todo el embarazo, y en particular durante el primer trimestre. Por mucho tiempo se pensó que los riesgos únicamente concernían a los hijos de mujeres que eran grandes consumidoras de alcohol. Sin embargo, en la actualidad se sabe que el consumo moderado, por ejemplo, una copa de vino al día, puede tener efectos nocivos en el desarrollo del feto. Insistimos mucho en el hecho de que, **en el caso de la mujer, ningún estudio ha mostrado el límite por debajo del cual no hay riesgos.** La recomendación unánime de médicos y parteras, en función de estudios científicos, es simple: abstente por completo del consumo de bebidas alcohólicas durante tu embarazo y hasta el término. Insistimos en el hecho de que incluso las ingestas ocasionales son nefastas para el cerebro del embrión y para sus nervios ópticos.

El consumo de alcohol del padre antes de la concepción también puede alterar el desarrollo del feto, lo cual parece sorprendente. Esto se explica por las modificaciones epigenéticas* del ADN del esperma. Las consecuencias para el niño pueden ser disminución de su futura fertilidad, modificaciones en el comportamiento, reducción de las facultades intelectuales e incluso malformaciones al nacer. Se dispone de poca información acerca de las cantidades de bebidas alcohólicas consumidas por el progenitor que pueden tener estos efectos; al parecer, el consumo considerable (superiores a dos copas de vino al día) puede producir estos efectos negativos en su descendencia.

No tomes a la ligera la importancia de la abstinencia completa de bebidas alcohólicas, ya que son una sustancia potente, en virtud del etanol y de sus metabolitos como el acetaldehído.

## CANNABIS Y OTRAS DROGAS

El consumo de drogas por la mujer encinta evidentemente debe quedar prohibido durante el embarazo, debido a que puede acarrear muchísimas consecuencias negativas, como peso bajo al nacer, disminución de la circunferencia del cráneo, nacimiento prematuro, modificación del comportamiento, alteración del sueño e incluso trastornos de conducta en el niño. El consumo de cannabis ocasiona un defecto del aporte de oxígeno al feto (hipoxia). El delta-9-tetrahidrocannabinol, principal principio activo, es el causante de gran parte de los efectos adversos. En el plano estadístico ha sido difícil evaluar el consumo por parte de mujeres encintas, ya que gran cantidad de ellas no desea declararlo.

El efecto de las drogas llamadas *duras* (cocaína, heroína) es aún más grave, como se pudo apreciar en la tabla de la p. 34.

# Cocina y comedor

## Alimentación específica y elección de los utensilios de cocina

# En la cocina

1. **Huevos:** Es importante que elijas huevos orgánicos, de preferencia los producidos por gallinas criadas al aire libre y que hayan sido alimentadas de manera orgánica.

2. **Pan:** Prefiere el pan integral al pan blanco, porque los índices glucémicos de este último son más elevados. Es mejor que el pan integral sea orgánico, porque los plaguicidas se concentran en la cáscara exterior del trigo.

3. **Frascos de vidrio:** El vidrio es un material casi neutro en el cual las interacciones entre contenedor y contenido se consideran casi nulas. Por consiguiente, es preferible que compres conservas de verduras envasadas en frascos de vidrio, aun cuando algunas tapas necesitarían ser de mejor calidad.

4. **Vinagre blanco, bicarbonato de sodio y jabón de Marsella auténtico:** Son los principales productos de limpieza que necesitas en la cocina.

5. **Productos congelados:** Compra únicamente productos crudos; solo pelados o cortados, pero no cocidos.

# ¿QUÉ TIPO DE ALIMENTACIÓN LLEVAR DURANTE EL EMBARAZO?

A lo largo de todo tu embarazo, es indispensable que ingieras una alimentación específica, es decir, adecuada, que deberá responder a varios criterios: prevenir riesgos químicos relacionados con la presencia de numerosas sustancias sintéticas presentes en gran cantidad de productos alimenticios, prevenir riesgos infecciosos y prevenir posibles deficiencias de vitaminas y minerales.

## El feto, víctima de los desequilibrios alimenticios de la madre

Muchos de los desequilibrios en la alimentación de la madre pueden tener consecuencias funestas en el desarrollo del feto, y más tarde en el del niño.

- Carencia de folatos (vitamina B9) es el riesgo más frecuente y más conocido. Puede causar malformaciones, principalmente anomalías en el sistema nervioso, como alteración en el desarrollo del tubo neural, sobre todo espina bífida, que es un defecto en el cierre de las vértebras; en una etapa más avanzada, pueden incluso producirse malformaciones cráneo-cerebrales.

- El consumo elevado por parte de la madre de productos llamados de glicación (sobre todo la acrilamida), que se forman durante la cocción prolongada de alimentos transformados, ricos en algunos glúcidos (papas fritas, frituras muy hechas, café en exceso), puede favorecer la diabetes gestacional.
- El aporte insuficiente de proteínas en la alimentación de la madre puede alterar el desarrollo del feto. Este riesgo lo deben tener muy presente las vegetarianas y las crudívoras.
- El exceso de algunas materias grasas y de azúcar tiene un efecto negativo en el peso y en el desarrollo intelectual del niño.
- La obesidad de la madre aumenta los riesgos de preeclampsia, que se manifiesta sobre todo mediante hipertensión gravídica, diabetes gestacional con riesgo de macrosomía fetal (peso de más de 4 kg en embarazo a término) en el niño y anormalidades del sistema nervioso (ATN: anomalía del tubo neural), dos veces más elevadas.

Conviene insistir en que la alimentación industrializada actual, de tipo anglosajona, favorece el sobrepeso, al tiempo que influye en numerosas deficiencias en el aporte de vitaminas y minerales.

El aumento de peso durante un embarazo normal debe ser entre 11.5 y 16 kg. En el caso de mujeres con sobrepeso u obesas, no debe ser más de 6.8 kilogramos.

## Prevención de riesgos químicos

### La superioridad de la alimentación orgánica

La ventaja de la alimentación orgánica es que limita el riesgo de exposición a los residuos de los plaguicidas, que pueden tener efectos nocivos. Estos residuos se encuentran en los productos convencionales y son muy raros en los productos orgánicos. Si hay una cantidad mínima de plaguicidas, ello solo puede deberse a una contaminación accidental, sobre todo debido a la difusión por el viento de un cultivo a otro. Cada vez se documenta mejor la toxicidad de gran cantidad de plaguicidas en situaciones de exposición elevada, como es el caso de los agricultores y los obreros que fabrican productos fitosanitarios. Las consecuencias son muy preocupantes en las agricultoras y las obreras encintas, como lo demostró el estudio PELAGIE del Instituto Nacional de Investigación Científica y Médica en Francia (Inserm) (véase anexo *El estudio* PELAGIE). Cabe mencionar que hasta ahora, el impacto en la salud los plaguicidas que se absorben a través de la alimentación ha sido poco estudiado.

Después de años de polémicas acerca de las repercusiones que tiene en la salud el consumo de alimentos convencionales y el de orgánicos, el resultado no deja ninguna duda sobre las ventajas de consumir productos orgánicos. El primer estudio[1] concluyó que los productos orgánicos contienen cuatro veces menos plaguicidas, menos de la mitad de cadmio* y hasta 69% más antioxidantes que los productos convencionales (véase anexo *Composición de productos orgánicos en relación con productos convencionales*). Un estudio de 2015[2] demuestra que los casos de hipospadias (un defecto congénito del pene que afecta a uno de cada 250 varones) han sido dos veces menos frecuentes en varones cuyas madres consumieron alimentos orgánicos que en los de aquellas que tuvieron una alimentación convencional. Por último, en un estudio llevado a cabo en casi 50 000

---

[1] M. Baranski *et al.*, "Higher antioxidant and lower cadmium concentrations and lower incidence of pesticide residues in organically grown crops, a systematic literature review and meta-analyses", *B J Nutrition*, 26 2014 jun, pp. 1-18.

[2] A.-L. Brantsaeter *et al.*, "Organic food consumption during pregnancy and hypospadia and cryptorchidism at birth: The Norwegian Mother and Child (MoBa)", *Environmental Health Perspectives*, 2015 jul.

personas y realizado en el marco del estudio Nutrinet Santé,[3] se mostró que los consumidores de alimentos orgánicos tienen, en iguales condiciones de aporte calórico y el mismo nivel de ejercicio, mucho menor riesgo de ser obesos o de tener sobrepeso, en relación con consumidores de productos convencionales (véase anexo *Sobrepeso, obesidad y aporte nutricional de consumidores de productos orgánicos en relación con consumidores convencionales*).

Cabe subrayar el hecho de que la agricultura orgánica es un modo de producción que prohíbe el uso de plaguicidas químicos sintéticos y de todo tipo de abono químico. Privilegia la biodiversidad, y además de la alta calidad nutricional de los alimentos, mejora la fertilidad de los suelos, que en la agricultura convencional se encuentra considerablemente degradada debido al uso de numerosos productos químicos, del monocultivo y de labores profundas. ¡La mitad de las frutas y las legumbres convencionales contiene residuos de plaguicidas!

A ti te corresponde elegir… pese a que cada vez hay más sellos de certificación orgánica* unas cuantas reglas sencillas impedirán que te confundas, sin importar cuál sea la marca.

---

[3]  E. Kesse-Guyot *et al.*, "Profiles of organic food consumers in a large sample of french adults: Results from the Nutrinet-Santé Cohort Study", *Plos one*, 2013 oct.

| Logotipo | Principales sellos de certificación orgánica | Características |
|---|---|---|
| CERTIFIÉ AB AGRICULTURE BIOLOGIQUE | Ab (agricultura orgánica) | Sello de certificación orgánica conocido por todos. En el producto no se usaron sustancias químicas sintéticas (plaguicidas, fertilizantes, etc.), ni organismos genéticamente modificados (ogm). Preocupación por el bienestar animal y 95% de los ingredientes proviene de la agricultura orgánica. Los organismos certificadores son: **Ecocert, Agrocert, Certipaq Bio, Bureau Veritas, Certisud, Certis, Bureau Alpes Contrôles, Qualisud y Biotek.** |
| | Feuille Euro: sello de certificación orgánica europeo | Obligatorio en todos los productos orgánicos vendidos en Europea (lugar de producción mencionado). La hoja verde, representada en el logotipo, ofrece las mismas garantías que el logotipo AB; es decir, respeta el pliego europeo de especificaciones. |
| NATURE & PROGRES | Nature et Progrès | Respeta el pliego europeo de especificaciones, junto con exigencias complementarias (particularmente la prohibición de mezclas: al menos 50% de los alimentos del ganado debe ser producido por explotación agrícola, y las aves de corral deben disponer, cada una, de al menos 10 m2 de espacio exterior). |

| Logotipo | Otros sellos de certificación orgánica* | Características |
|---|---|---|
| | Bio Cohérence | Respeta el pliego de especificaciones europeo, junto con exigencias complementarias (particularmente la prohibición de mezclas: umbral mínimo de contaminación por ogm, limitado a 0.1%, alimentación de herbívoros con al menos 80% de producción propia). |
| | Demeter | Respeta el pliego de especificaciones europeo, junto con exigencias complementarias (particularmente la prohibición de mezclas y la presencia de trazas de ogm, 80% de los alimentos del ganado deben ser por producción propia y la lista de aditivos autorizados se reduce marcadamente). |
| **BIO PARTENAIRE** | Bio Partenaire | Sello que reemplaza a los sellos Bio solidaire y Bio équitable, de los cuales pueden beneficiarse los productos que ya tienen el sello orgánico. Se basa en el respeto al referencial que garantiza principalmente a los productores un precio suficiente y establecido por la asociación Bio Partenaire, en colaboración con el organismo certificador Ecocert. |
| ÉQUITABLE **ECOCERT** Contrôlé par Ecocert | Ecocert Équitable | Además del sello AB, comercio justo, sin cultivos en invernadero con calentamiento, salvo que se utilice energía renovable, y biodiversidad conservada al máximo. |

## Aditivos alimentarios

La regla debe ser no agregar aditivos a tu plato, o hacerlo lo menos posible. Los aditivos son los conservadores, los colorantes, los emulsificantes,* los potenciadores de sabor, etc., que se añaden a los alimentos desnaturalizados para darles color y "sabor" y prolongar su vida. No se han estudiado suficientemente, y menos en lo que se refiere a las embarazadas y a sus hijos. Los aditivos se encuentran en grandes cantidades en la alimentación contemporánea, pese a que el estado del conocimiento científico acerca de sus efectos no sea del todo completo. Es necesario tomar conciencia de que los intereses económicos de algunos empresarios se alejan mucho de los imperativos de la salud.

Para limitar el aporte de aditivos alimentarios, tan solo reduce los productos de origen industrial, leyendo las etiquetas. La presencia de aditivos se indica por un número de código con una E, seguida de una cifra, o incluso por el nombre del aditivo mismo. La regla que te proponemos es sencilla: no consumas productos que contengan aditivos, salvo los autorizados en los productos orgánicos —que son 48, a diferencia de los 350 en promedio de los productos convencionales— (véase la tabla siguiente). Incluso te aconsejamos ir más lejos: evita por completo los productos que contengan más de tres de los aditivos autorizados en los alimentos orgánicos, aun si esto pudiera parecerte arbitrario.

| Número de código | Carácter del aditivo |
| --- | --- |
| E100 a E180 | Colorantes: pueden ser naturales o sintéticos. |
| E200 a E297 | Conservadores: prolongan la duración de vida de los alimentos y evitan el desarrollo de bacterias y de moho. Son de hecho los "asesinos" de los vivos. No todos tienen el mismo grado de peligro. |
| E300 a E322 | Antioxidante: se limitan al riesgo de oxidación de los alimentos y, en consecuencia, a la rancidez de los cuerpos grasos o al oscurecimiento de las verduras, por ejemplo. |

| Número de código | Carácter del aditivo |
|---|---|
| E325 a E385 | Acidulante: corrigen y ajustan los sabores. |
| E400 a E496 | Espesantes: agentes que hacen el alimento más espeso y que lo gelifican; sirven de recubrimiento para estabilizar y proporcionar ciertas texturas agradables. No todos son inofensivos, pero no suelen producir, en caso de consumo excesivo, más que molestias digestivas o alérgicas. |
| E500 a E585 | Antiaglomerantes, levadura en polvo, preservadores, entre otros. Algunos actúan de manera similar a los de la categoría anterior, con respecto a cambios de textura en los alimentos. |
| E620 a E650 | Potenciadores de sabor: son 18 los que realzan el sabor de los alimentos, y por lo general, son objeto de numerosas polémicas, sobre todo en el caso del glutamato (E621). |
| E900 a E927 | Agentes de recubrimiento: proporcionan a los alimentos un aspecto liso y brillante, lo cual supuestamente hace que se vendan mejor. Algunas son ceras sintéticas de óxido de polietileno (E914). |
| E938 a E949 | Propulsores de gas: estos aditivos incluyen en particular el gas a presión, como el embalaje de la crema chantilly. |
| E950 a E967 | Edulcorantes: se utilizan para los productos bajos en calorías (*light*) con diferentes tipos de sustancias. Existen dudas acerca de la inocuidad de algunos de ellos. |
| E999 a E1520 | Soporte de solventes* aditivos, enzimas y agentes espumantes. Se requiere información más precisa acerca de sus efectos. |

Es necesario que estés muy atenta en lo que a los aditivos sintéticos respecta, incluso al hecho de que no todos deben considerarse de la misma manera. Christophe Brusset, directivo de la industria agroalimentaria, señaló en una entrevista publicada *Le Point*, del 10 de septiembre de 2015, que "de trescientos aditivos, se han identificado cincuenta como peligrosos, y todos han gozado siempre de autorización". Los conocimientos no son solo parciales, en particular en términos de la interacción entre las sustancias, sino que también es necesario saber que algunos aditivos pueden presentarse en forma de nanopartículas, sin que esto se mencione claramente en la etiqueta. ¿No es esto contrario a lo que recomiendan las leyes? Pero ¡poco importa, ya que algunos industriales se libran de esto o emiten fichas técnicas incomprensibles! Sin embargo, los efectos de estas nanopartículas se han comprendido mal y pueden afectar directamente al embrión. En cambio, los productos orgánicos, ya sean alimentos o cosméticos, no los contienen.

En una tribuna del diario *Le Monde* del 9 de septiembre de 2015, Fabienne Gauffre, directora de investigación del Centro Nacional de Investigación Científica del Instituto de Ciencias Químicas de Rennes, Francia, hizo las siguientes recomendaciones: "Sería razonable limitar la exposición directa de los consumidores a los aditivos, en particular en la alimentación […] Por lo menos, incluir una etiqueta clara que especifique los productos que contienen nanomateriales, para permitir que el consumidor los tome bajo su propia responsabilidad. Aunque el etiquetado obligatorio entró en vigor en los cosméticos desde julio de 2013, no lo ha hecho aún en los productos alimentarios, pese a que esto se previó desde 2011".

> La regla es consumir productos frescos o congelados crudos, no transformados industrialmente, y de preferencia orgánicos.

## Aditivos autorizados en productos orgánicos
(lista que debes llevar contigo)

**Los 48 aditivos autorizados en alimentos orgánicos de origen natural** (los aditivos sintéticos aparecen en cursivas en el cuadro)

### Colorantes
E153    Carbón vegetal
E160B   Urucú o bixina o norbixina
E170    Carbonato de calcio

## Conservadores

| | |
|---|---|
| E220 | Anhídrido sulfuroso |
| E223 | Metabisulfito de sodio |
| E224 | *Bisulfito de potasio* |
| E250 | *Nitrito de sodio* |
| E252 | Nitrato de potasio |
| E270 | Ácido láctico |
| E290 | Dióxido de carbono |
| E296 | Ácido málico |

## Antioxidantes

| | |
|---|---|
| E300 | Ácido ascórbico |
| E301 | Ascorbato de sodio |
| E306 | Extractos ricos en tocoferoles |
| E322 | Lecitinas de soya |
| E325 | Lactato de sodio |
| E330 | Ácido cítrico |
| E331 | Citratos de sodio |
| E333 | Citratos de calcio |
| E334 | Ácido tartárico |
| E335 | Tartratos sódicos |
| E336 | Tartratos potásicos |
| E341 | Fosfatos de calcio |
| E392 | Extracto de romero |

## Agentes de textura

| | |
|---|---|
| E400 | Ácido algínico |
| E401 | Alginato de sodio |
| E402 | Alginato de potasio |
| E406 | Agar-agar |
| E407 | Carragenano |
| E410 | Harina de granos de algarroba |
| E412 | Goma guar |

E414    Goma de acacia
E415    Goma de xanthane
E422    Glicerol
E440    Pectinas
E464    Hidroxilpropilmetil celulosa

**Acidificantes**
E500    Carbonatos de sodio
E501    Carbonatos de potasio
E503    Carbonatos de amonio
E504    Carbonatos de magnesio
E509    Cloruro de calcio
E516    Sulfates de calcio
E524    Hidróxido de sodio
E551    Dióxido de silicio
E553b   Talco

**Aditivos gaseosos**
E938    Argón
E939    Helio
E941    Nitrógeno
E948    Oxígeno

## Refrescos y otros jugos industriales

Muchas de las bebidas refrescantes contienen gran número de aditivos. Por ejemplo, el colorante E150d, que proporciona a los refrescos de cola su característico color caramelo, no es más que un derivado del amoníaco. Puede haber también presencia de muchos otros aditivos, desde ácido fosfórico (por el cual se ha subrayado en diversos estudios un aumento en el riesgo de osteoporosis) hasta ácido cítrico (poco recomendable en exceso debido al daño que ocasiona al esmalte de los dientes). Además, este tipo de bebidas aporta dosis masivas de azúcar, en promedio el equivalente a cuatro terrones de azúcar en un vaso de 200 ml, y el cuerpo no sabe metabolizar cantidades tan súbitas.

En cuanto a las bebidas "bajas en calorías", se han planteado numerosos interrogantes respecto de su inocuidad. En el caso de las embarazadas, se ha advertido en los estudios que el consumo de una bebida gaseosa *light* al día puede ocasionar partos prematuros. Sin embargo, las autoridades sanitarias europeas ¡no han tomado en consideración las conclusiones de estos estudios, financiados por organismos oficiales europeos! No obstante, la Agencia Sanitaria francesa (Anses) insiste en que consumir un producto como el aspartame no aporta ningún beneficio nutricional. Dicho de otro modo, en lenguaje administrativo, "¡Abstente!". Un extracto de la conclusión del informe realizado por la Anses destaca que "el estudio de Halldorsson (2010)[4] informa una relación de efecto y dosis entre el consumo de bebidas edulcoradas y el riesgo de parto prematuro inducido [...] La Anses subraya la ausencia de beneficios nutricionales demostrados por este consumo en la mujer embarazada".

Resulta desconcertante constatar que no se han proporcionado suficientes recomendaciones para la protección de las embarazadas, pese a nuestros conocimientos científicos actuales. Y es bastante sorprendente la actitud de las autoridades que sostienen que, en virtud de que la presencia de edulcorantes se menciona en las etiquetas, si las mujeres no desean tomarlos, ¡no tienen más que leer la etiqueta!

Sin embargo, no se ha hecho nada para facilitar esta tarea. Por ejemplo, el aspartame se menciona bajo el nombre de código "E951", o con la frase "fuente de fenilalanina" o algunas veces directamente con el nombre de la sustancia. Aun si el etiquetado debe cambiar, es obligatorio constatar que no es tan fácil encontrar el nombre. El escaso sentido de responsabilidad de los representantes de las instituciones europeas es completamente reprochable.

---

[4] T.I. Halldorsson *et al.*, "Intake of artificially sweetened soft drinks and risk of preterm delivery: A prospective cohort study in 59,334 Danish pregnant women", *The American Journal of Clinical Nutrition*, 92(3), 2010 sep, pp. 626-633.

## Las grasas de origen animal presentes en carnes y embutidos

Estos productos no solo contienen las grasas que reciben el nombre de saturadas, que cuando se consumen en exceso son nefastas para el corazón y los vasos sanguíneos, sino que también son una trampa repleta de contaminantes que se conocen como *lipófilos*, es decir, sustancias que se almacenan en las grasas. Se trata particularmente de dioxinas,* de PCB,* de derivados polibromados* y de diversos perturbadores endócrinos* que pueden modificar el metabolismo. No pasemos por alto el problema con los nitritos (E249, E250) presentes como conservadores en los embutidos curados en sal. Si el consumo de carne permite luchar contra el riesgo de deficiencia de hierro, ante todo es indispensable elegir carne magra y orgánica (véase tabla pp. 91-92).

## El agua

En Francia se recomienda el agua de llave para las embarazadas, siempre y cuando tenga bajo contenido de nitritos, de plaguicidas y aluminio.[5]

Es importante que las embarazadas procuren beber agua baja en nitratos (menos de 10 mg/l; véase anexo *Para saber más de los nitratos*). Si el contenido de nitratos en el agua de tu comunidad es muy elevado, opta por agua embotellada mineral o de manantial, ya que contienen pocos nitritos, como lo anuncian en sus etiquetas.

Con respecto al aluminio, su presencia también se encuentra indicada en los análisis de agua de tu comunidad. El aluminio se utiliza para evitar que el agua se torne turbia. El mecanismo llamado

---

[5] Si bien en Francia es posible informarse sobre la concentración de sustancias químicas en el agua de cada comunidad, consultando los análisis realizados en el ayuntamiento (en el sitio www.eaupotable.sante.gouv.fr), en el caso de México esta información está disponible en los informes sobre calidad del agua, publicados por la Semarnat. Véase por ejemplo *Informe de la situación del medioambiente en México*, disponible en red [N. de E.].

*floculación* permite eliminar las impurezas. Y aunque esta técnica aún está muy generalizada, hoy en día existen alternativas como las que utilizan una sal de hierro, cuya inocuidad ha sido demostrada. El impacto del aluminio presente en cantidades infinitesimales no se ha evaluado cabalmente. Sin embargo, verifica que el índice no sea superior a 50 μg/l, (la norma europea es de 200 μg/l). Asimismo puede haber otras fuentes de exposición alimentaria al aluminio, en particular a través de los siguientes aditivos: E173, E520 a E523, E541, E554 a E559, E1452.

Cabe mencionar también que las aguas embotelladas en plástico no son la panacea: se han detectado en estas diversos contaminantes sin que su origen se haya podido determinar claramente. No queda más que lamentar el hecho de que las botellas no sean de vidrio (retornables), porque así se limitaría el riesgo de interacción entre el contenedor y el contenido.

En cuanto a la contaminación, cabe subrayar la posible presencia de residuos químicos, en particular de medicamentos. Por lo general se trata de fuentes localizadas de contaminación. Es necesario informarse de esto en las asociaciones de consumidores de tu localidad.

Si tienes en cuenta las restricciones que acabamos de mencionar, podrás beber agua corriente durante tu embarazo. Si optas por agua mineral o de manantial, elige en el invierno y en períodos de temperatura baja agua moderadamente o poco mineralizada (Évian®, Volvic®, etc.). Y durante el verano, o en caso de calor intenso, un agua más rica en minerales, que te ayudará a compensar las pérdidas por sudoración (Vittel®, entre otras).

## Prevención de riesgos infecciosos

Gracias a un enfoque preventivo, los riesgos infecciosos cada vez se controlan mejor durante el embarazo. En el plano de los alimentos, existen tres riesgos principales, de los cuales tu ginecólogo o tu partera ya debieron hablarte: toxoplasmosis, salmonelosis y listeriosis.[6] El enfoque de prevención puede resumirse de la siguiente manera:[7]

- Prevención de la toxoplasmosis (parásito protozoario que atraviesa la placenta y que contamina al embrión; su ciclo de desarrollo pasa por los felinos, sobre todo por los gatos, que ensucian la arena con sus heces). Por ello siempre debes lavar cuidadosamente las frutas y verduras, sobre todo si vas a consumirlas crudas; cocer bien la carne, principalmente la de ovinos y el pescado, y evitar el contacto con la tierra y con todo tipo de arena para el excremento de los gatos. Si se considera que una de cada dos mujeres es susceptible a ser contaminada durante el embarazo la incidencia de la enfermedad ha disminuido ( −20% en los últimos años), gracias a las medidas de higiene que se han generalizado. Sin embargo, la contaminación durante el embarazo (por infección por primera vez), y en particular durante el primer trimestre, es terrible: riesgo de muerte fetal, trastornos neurológicos y oftalmológicos graves (toxoplasmosis congénita).
- Prevención de salmonelosis (existen diversos tipos de bacteria, similares a la salmonella, que son mayor o menormente peligrosos). Además de las medidas antes mencionadas, no consumas mariscos crudos. Una gran cantidad de infecciones alimentarias tóxicas se deben a contaminación por salmonella. En caso de fiebre y de diarrea, conviene que consultes a tu médico de inmediato. Por fortuna, la *Salmonella typhi*, la

---

[6] De acuerdo con las recomendaciones en Francia del Ministerio de Salud, del Seguro de la Enfermedad y del Instituto Nacional de Prevención y de Educación para la Salud.

[7] De acuerdo con muestras analizadas por *60 Millions de consommateurs* en 2013. [Esta es la Revista del Instituto Nacional del Consumidor en Francia, y puede consultarse en http://www.60millions-mag.com (N. de T.)].

más peligrosa, causante de la fiebre tifoidea, prácticamente
ha desaparecido de nuestras comarcas.

- Prevención de listeriosis (*listeria monocytogenes* es la bacteria que ocasiona la enfermedad). Debes evitar todos los productos crudos de origen animal (embutidos crudos, pasteles de carne, carne tártara, productos en gelatina y rilletes, entre otros), así como los quesos de pasta blanda fabricados con leche cruda (como el Brie, Camembert y algunos quesos de cabra), y también el pescado crudo, incluso el ahumado. No debes consumir ninguno de estos productos durante el embarazo, pues aun cuando los riesgos de contaminación sean leves, ya que en veinte años se han reducido en un 10%, hay opiniones divididas. Sin embargo, la vigilancia es obligatoria todo el tiempo, ya que cualquier infección por esta bacteria durante el embarazo puede dar lugar a partos prematuros y al fallecimiento del feto en el útero. Los síntomas de la contaminación pueden ser discretos, como sensación de fatiga y fiebre. Ante la menor duda respecto a estos "gripales", en resumidas cuentas bastante comunes, consulta de inmediato a tu médico.

Recuerda que es imperativo lavarte siempre bien las manos antes de cada comida.

## Prevención de deficiencias de vitaminas y minerales

Es necesario tomar una serie de precauciones con la finalidad de limitar el riesgo por deficiencias en el aporte de vitaminas y minerales o por la carencia de estos, lo que puede tener consecuencias serias en el desarrollo de tu bebé.

El ácido fólico (o vitamina B) es sin lugar a dudas la vitamina que no debe faltar, con objeto de limitar el riesgo de malformaciones.

Para conocer los alimentos más ricos en esta vitamina, que deberás consumir con regularidad durante tu embarazo, consulta la tabla de las pp. 106-107.

La toma mínima de ácido fólico debe ser entre 0.4 mg al día, si bien hay personas que corren mayor riesgo que otras, en particular las que toman diferentes tratamientos médicos, como antiepilépticos. La Agencia Sanitaria de Francia (Anses) estima que 28% de las mujeres en edad de procrear presentan riesgo de deficiencia de vitamina B9 (índice de folato en plasma inferior a 3 ng/ml). En un informe con fecha de marzo de 2015,[8] la Anses declaró que "en 2010, 53.5% de las mujeres que tuvieron bebés no recibieron ácido fólico. En el caso del 40.3% que sí lo recibió como complemento, en 64% de ellas el complemento fue demasiado tardío en relación con las recomendaciones (dos meses previos y un mes después de la concepción). Solo 34.2% de las mujeres recibió el complemento en el período prenatal". Las recomendaciones oficiales para prevenir anomalías son: "aporte de folatos a partir del momento en que la mujer desee embarazarse […] En la consulta previa a la concepción, se indica que debe esperar hasta la doceava semana de amenorrea para una dosis de 400 µg/día" (o 0.4 mg). Esta noción de dosis es importante ya que, paralelamente, investigadores de la universidad de Porto y de la Universidad Católica de Portugal subrayaron recientemente que, por el contrario, el exceso de ingesta de ácido fólico, bajo la forma de complementos no justificados, puede ser perjudicial y dar lugar a diabetes y a obesidad en el futuro bebé, sobre todo en el caso de las niñas. Por consiguiente, es importante alcanzar un equilibrio adecuado, dando prioridad relativa a los aportes que deben hacerse mediante la alimentación.

**La vitamina D** también es esencial. Su deficiencia puede ser perjudicial para el desarrollo del feto. Es de particular importancia considerar que la alimentación no siempre puede cubrir los requerimientos de esta vitamina, que esencialmente se encuentra en los

---

[8] Saisine 2012-SA-0142.

alimentos grasos, de los cuales no conviene abusar (mantequilla, aceite, sardinas, etc.). La exposición al sol es otra fuente de esta vitamina (la síntesis se hace a nivel de la piel), de ahí que sea habitual recetar complementos a las mujeres que viven en regiones con poca exposición al sol. Es clásico proporcionar una dosis única de 100 000 UI de vitamina D en ampolleta para beber, por lo general en el tercer trimestre de embarazo. Las recomendaciones van cambiando, ya que parecería más prudente proporcionar dos dosis, dando la primera a partir del primer trimestre.

**La vitamina K** participa en la coagulación. Algunos medicamentos modifican su metabolismo, por lo que usarla como complemento se justifica bajo estricto control médico, según el tratamiento en curso. Entre los alimentos ricos en vitamina K, se encuentran las verduras verdes, como la col, el brócoli, la espinaca, el perejil, así como el aceite de colza.

**El yodo** es un elemento esencial. La alteración en el estado sanguíneo puede tener consecuencias negativas en el funcionamiento de la tiroides y en el desarrollo de la tiroides del bebé. En un estudio australiano reciente[9] se sugiere que toda deficiencia en el aporte de yodo durante el embarazo altera el aprendizaje de la lectura en el niño. El consumo periódico de productos del mar (pescados, crustáceos como el camarón y otros mariscos, siempre bien cocidos para evitar la listeriosis) contribuye a asegurar que tus necesidades de yodo queden cubiertas. Aunque la sal debe usarse con mesura en la cocina, elige la sal yodada. Las verduras más ricas en yodo son la espinaca y el berro.

No cabe duda de que **el hierro** se receta de modo excesivo como complemento; sin embargo, existen situaciones donde resulta indispensable. Sin embargo, la diminución de la concentración de hierro en la sangre no necesariamente significa una deficiencia, ya que en

---

[9] A. Ghassabian *et al.*, "Impact of mild thyroid hormone deficiency in pregnancy on cognitive function in children: Lessons from the Generation R study", *Clinical Endocrinology & Metabolism*, 28(2), 2014 mar, pp. 221-232.

la madre ocurre una dilución, que se conoce como *hemodilución*, ocasionada por el aumento fisiológico de la masa sanguínea que debe irrigar al embrión. Por otra parte, la concentración de hierro en la embarazada baja fisiológicamente, fenómeno que puede interpretarse como una forma de luchar indirectamente contra bacterias y parásitos, que requieren este mineral para desarrollarse. Por consiguiente, es importante estar atentos y no cometer errores de interpretación, puesto que cualquier anemia verdadera debe ser corregida para no comprometer el desarrollo del feto.

Respecto a los otros minerales, es mejor que elijas alimentos integrales (pan y cereales, entre otros), que los contienen en mayor grado, que los productos refinados.

## Importancia de los complementos alimenticios

La necesidad de complementos vitamínicos y de elementos minerales en la forma de medicamentos es menos imperativa de lo que imaginas. No porque te sientas cansada —estado fisiológico normal cuando a causa de las limitaciones de la vida moderna no se descansa lo suficiente durante el embarazo— es necesario que tomes un complemento de micronutrientes de manera sistemática. Eso sería un error, puesto que las dosis excesivas de vitaminas y de diversos minerales no dejan de tener consecuencias.

Algunos complementos pueden, sin embargo estar justificados, en función del contexto, como sucede con la vitamina B9 y la vitamina D. En cuanto a los demás, hay que ser prudente. Para las vegetarianas puede ser necesario tomar vitamina B12. Los complementos solo debes tomarlos bajo prescripción médica, y como resultado de análisis de laboratorio que puedan demostrar una carencia, teniendo en cuenta siempre las posibles trampas que hemos mencionado (hemodilución).

Los médicos obstetras y los profesionales de la salud que se ocupan de las mujeres embarazadas saben distinguir qué es lo que necesitas y resistirse a las presiones de las farmacéuticas para recetar diversos suplementos. Los argumentos de los empresarios de que las mujeres no se alimentan de manera correcta y que por eso es necesario recetarles complementos, a modo de prevención, han sido refutados por el propio Colegio Nacional de Ginecología y Obstetricia de Francia. Este ha planteado dudas en torno a la legitimidad de dichas afirmaciones, ya que sin beneficios demostrados, la toma inadecuada de complementos vitamínicos puede generar efectos secundarios que no siempre se controlan de manera adecuada.

Una alimentación bien equilibrada por lo general basta para cubrir las necesidades. Nuestra experiencia nos ha permitido comprobar que algunas mujeres se automedican con complementos vitamínicos y minerales en tabletas, pensando que les hacen bien. De este modo, no solo están en riesgo de aumentar el desequilibrio al no preocuparse por buscar una alimentación adecuada, sino que es perjudicial para ellas mismas y para el feto, además de que esto puede ocasionarles cansancio. Por ejemplo, una dosis excesiva de zinc tomada a través de complementos (por arriba de 15 mg/día para un adulto) restringe, mediante un complejo mecanismo, la absorción intestinal de otros elementos minerales, induciendo a problemas tales como un aumento de la fatiga.

Por último, subrayamos que existen preocupaciones en cuanto a la confiabilidad de numerosos comprimidos de vitaminas y minerales. De hecho, el modo de fabricación de los complementos procedentes sobre todo de Asia no siempre está bien identificado, y muchos de ellos son sintéticos. En cuanto a los "naturales", muchos de los compuestos químicos pueden utilizarse por la extracción de sus principios activos, pero a fin de cuentas, son falsamente naturales.

## Para equilibrar la flora digestiva: más alimentos fermentados

Desde hace algunos años se está insistiendo cada vez más en la importancia de tener una *flora digestiva* equilibrada. Por *flora digestiva* entendemos el conjunto de bacterias y de otros microorganismos que se encuentran en los intestinos, al nivel del colon. En la actualidad, este conjunto microbiano se conoce con el nombre de *microbiota*, y comprende 100 billones de bacterias. El tema no se ha agotado, y cada vez son más las publicaciones científicas que lo abordan. El estado de la microbiota está influido por cierto número de parámetros, entre los cuales la alimentación desempeña un papel preponderante. Debido a la invasión de alimentos industriales con grasas y azúcares, y poca fibra, y debido al uso desmedido de antibióticos, esta flora se ha ido modificando profundamente. La armonía que existía entre el huésped, es decir, el individuo, y el medioambiente se ha quebrantado. Estos desequilibrios podrían explicar el surgimiento de muchas enfermedades, en particular las *autoinmunes*, en las que se forman anticuerpos que atacan a los propios órganos, así como de trastornos digestivos, como la enfermedad de Crohn. La ploriferación de alergias, de diabetes y de sobrepeso también se ha visto favorecida. Más sorprendente es el descubrimiento, a través de diferentes estudios, de que la modificación de la microbiota y su empobrecimiento por una alimentación inadecuada pueden contribuir a trastornos de ansiedad y de depresión.

Sin profundizar en el tema, señalaremos que para compensar los diferentes trastornos, sobre todo digestivos, los *probióticos* industriales, que son concentrados de bacterias, se proponen, cada vez más como complementos alimenticios. Ahora bien, la naturaleza de estos no necesariamente corresponde a tus necesidades. Lo correcto es adoptar una alimentación rica en frutas y verduras, frescas o cocidas, ya que la concentración de polifenoles permite restaurar, y después asegurar, el de la microbiota.

El consumo de alimentos fermentados tiene, asimismo, un efecto positivo en la flora digestiva. Este aspecto poco conocido es la base de la cocina de la humanidad desde hace siglos.

La fermentación es un modo de transformación natural de los alimentos por acción de los microorganismos, pero también por el efecto de las levaduras y de los hongos microscópicos. Cuando se piensa en alimentos fermentados, de inmediatos hacemos referencia a los yogures y otros lácteos fermentados. Sin embargo, la técnica de fermentación también se utiliza para conservar y transformar innumerables alimentos, como cereales, leguminosas, verduras, carnes y pescados.

Los dos tipos de fermentación más conocidos son el láctico y el alcohólico. Este último, que transforma el azúcar en alcohol, es el principio de todas las bebidas alcohólicas. No hablaremos de esto aquí, salvo para decir que esta fermentación se utiliza en la panificación por la levadura —eso no quiere decir que el pan con levadura contenga alcohol, ya que el poco alcohol que se forma se evapora en respuesta a la cocción—. La fermentación llamada *láctica*, en la cual las bacterias transforman el azúcar en ácido láctico, es extremadamente interesante. Se presenta en todos los lácteos fermentados y en los quesos, pero también en el pan de levadura, las leguminosas lactofermentadas (como la col) y en numerosos alimentos fermentados tradicionales a base de cereales y leguminosas. Las bacterias lácticas, que se encuentran en grandes cantidades en todos los alimentos lactofermentados que se consumen crudos, tienen un efecto positivo en la microbiota. Se ha mostrado en varios estudios que los niños cuyas madres consumen una alimentación rica en bacterias lácticas sufren menos eczema atópica.

Los principales alimentos lactofermentados que se consumen crudos son los productos lácteos, ya que las diferentes verduras lactofermentadas que no se encuentran con facilidad. Los productos lactofermentados cocidos (como el pan, el idli y la dosa de la India [véanse recetas en anexo, pp. 229-231], la harina de garbanzo fermentado, etc.) no contienen bacterias lácticas vivas, pero continúan siendo benéficos porque facilitan la digestión y la asimilación de estos alimentos. La fermentación los enriquece en vitaminas, tal es el caso del idli, un platillo fermentado muy popular en el sur de la India, que se prepara a partir de una mezcla de arroz y de ejotes mungo.

Contenido de vitaminas de grupo B de una mezcla de arroz
y de ejotes mungo no fermentado y de la misma mezcla
después de la fermentación.[10]

| Contenido (en mg/100 ml) | Arroz + ejotes mungo (o lentejas rosadas) (pasta no fermentada) | Idli (misma mezcla, pero fermentada) | Aumento del contenido de vitaminas por la fermentación |
|---|---|---|---|
| Riboflavina Vitamina B2 | 0.22 | 0.48 | + 118% |
| Tiamina Vitamina B1 | 0.26 | 0.59 | + 127% |
| Ácido fólico | 0.29 | 0.65 | +138% |

Observa el gran aumento en el contenido de ácido fólico, particularmente importante durante el embarazo; por ello, consumir alimentos fermentados cocidos es bastante conveniente para la mujer encinta.

Otra ventaja de los productos fermentados, en este caso lácteos, es la descomposición, ya sea parcial o total, de la lactosa, a la que algunas personas son intolerantes. Sin embargo, como lo muestran las cifras del cuadro, la desaparición total de la lactosa solo se produce al cabo de fermentaciones prolongadas, como la del queso Gruyere o del Roquefort. Sin embargo, cuando se trata de quesos con fermentación más corta (algunas semanas), como el Camembert, las cantidades de lactosa se tornan muy insignificantes: casi cincuenta veces inferior a las de la leche no fermentada (véase anexo *Contenido de lactosa de diferentes productos lácteos*).

---

[10] D. Ghosh, R. Chattopadhyay, "Preparation of idli batter, its properties and nutritional improvement during fermentation", *Journal of Food Science and Technology*, 48(5), sep-oct 2011, pp. 610-615.

# Elección adecuada de productos industrializados y de sus empaques

El enfoque alimentario de calidad no puede limitarse al análisis de las concentraciones de glúcidos, lípidos, proteínas, vitaminas y minerales, ni al cálculo de las calorías que vas a servirte en el plato. Hay que tener en cuenta todo lo que puede añadirse voluntaria (aditivos) e involuntariamente (contaminantes como los residuos de plaguicidas), lo que, en su conjunto, crea una distancia entre el consumidor y el producto de base.

| Productos alimenticios como el jamón cocido | Debe buscarse en la etiqueta si contiene: |
|---|---|
| Son mezclas de carnes que provienen de varios animales. | <ul><li>Fosfatos y polifosfatos (E450 a E452)</li><li>Polvo de hueso</li><li>Nitritos (E250)</li><li>Azúcar o jarabe de glucosa añadido</li><li>Sal</li><li>Diferentes conservadores E2</li><li>Correctores de acidez E3</li><li>Aromas sintéticos</li><li>(Lista no exhaustiva)</li></ul> |

Al mismo tiempo, debes fijarte en el tipo de empaque de los productos alimentarios. En efecto, puede haber interacciones entre el contenedor y el contenido. Por ejemplo, algunos plásticos vierten diversos componentes en los alimentos en función de la duración del contacto con el contenido y el grado de temperatura. A temperatura ambiente, y sobre todo al calentar algunos plásticos, se potencian los riesgos, en tanto que el frío detiene los intercambios. Por lo tanto, no tienes nada que temer con los productos congelados crudos, no transformados.

Sin embargo, por lo que se refiere a los platillos preparados que se ofrecen en los supermercados, y que se colocan en charolas de plástico, es importante saber si los alimentos se han cocinado en el recipiente en el que los han puesto… Entonces, ¿cómo saber qué hacer y cuáles envases elegir?

## Los empaques de plástico menos problemáticos

El material plástico se clasifica en siete categorías, numeradas del 1 al 7. El número se encuentra en un pequeño triángulo en sobreimpresión, e indica su composición (este código numérico corresponde al tipo de reciclaje, según la naturaleza del plástico).

Los plásticos de las categorías 2, 4 y 5 carecen de peligro *a priori* y resisten el calor. Algunos componentes de los de categoría 7 todavía plantean algunos problemas en Europa mientras se escriben estas líneas. Los de categoría 3 de origen francés son seguros, pero esto no se aplica en el caso de los de importación, ya que nada se indica respecto al origen del material. Los de categoría 6 pueden ser aleaciones, lo que genera ciertas dudas sobre su inocuidad. Los de categoría 1 incluyen al plástico con el cual se fabrica la inmensa mayoría de botellas de agua. Pese a su denominación PET*(tereftalato de polietileno), el material en sí es bastante seguro. Sin embargo, aunque el catalizador de la reacción utilizado para fabricarlo ha sido autorizado, después de algunos estudios genera cierta desconfianza. De hecho, cuando se autorizó, se ignoraba que podía alterar el sistema endócrino. Después de este descubrimiento, la normatividad no ha avanzado lo suficiente (revisa anexo *Plásticos potencialmente peligrosos*).

El Instituto Nacional de Investigaciones Agronómicos de Francia admite que "atenerse a seguir las normas [de transmisión de partículas de los plásticos hacia los alimentos] ha dejado de ser suficiente. Estas normas no están homologadas entre los países de la Unión Europea y no presentan el mismo nivel de seguridad para todos los materiales". Por ello se puso en marcha el proyecto de investigación que lleva por título *Safe Food Packaging Design* (SFPD), el cual propone a los fabricantes modificar sus prácticas para garantizar mayor seguridad, lo que abre perspectivas positivas.

## Las conservas en metal

Los fabricantes garantizan seguridad en el manejo de las latas de conservas, sin embargo, las latas metálicas están recubiertas de barniz, de resina epóxica o de plástico que al entrar en contacto con los alimentos pueden propagar algunas sustancias. Estas reacciones entre el contenedor y el contenido se encuentran hasta cierto grado controladas, pero, al igual que en el caso de los empaques de plástico, cabe preguntarse si las normas están suficientemente actualizadas. Es probable que las de hoy no serán las de mañana. Si el consumo ocasional de este tipo de conservas parece que no plantea problemas, es preferible limitar el riesgo y dar preferencia a las conservas que se venden en frascos.

## Las conservas en vidrio

El vidrio es un material neutro en cuyo interior las interacciones con el contenido se consideran insignificantes. En cambio, no todo está resuelto en lo que se refiere a las tapas, que pueden arrojar diversas sustancias. Existen, sin embargo, algunas conservas que tienen tapas de vidrio.

## Los congelados

Se trata sin duda del modo más adecuado de conservación moderna, que puede respaldarse sin reservas. Si bien es cierto que la mayor parte de los productos se empacan en plástico, no se producen interacciones entre el contenedor y el contenido, puesto que el frío las neutraliza. Conviene entonces elegir las escalas de buena calidad de productos congelados: los productos crudos y los de la segunda escala.

| Escala de productos congelados | Naturaleza del tratamiento |
|---|---|
| 1 | Productos crudos, solamente cortados en trozos |
| 2 | Productos preparados (cocidos, etc.), sin aditivos añadidos |
| 3 | Productos cocinados, con numerosos añadidos posibles |

# Cómo balancear mejor tu alimentación

Muchas mujeres nos han planteado preguntas relacionadas con mensajes sobre alimentación que suelen ser contradictorios. Vamos a responder aquí a las preguntas más frecuentes.

## Vegetales, frutas, legumbres y féculas

**"Las frutas y verduras, sobre todo orgánicas, son muy caras y van a acabar con mi presupuesto para alimentación".**
**No es realmente cierto**
La regla es elegir frutos de estación; es decir, no necesariamente los primeros melones o duraznos de pretemporada. Por otra parte, toma en cuenta que cuando ya están por levantar el mercado sobre ruedas es posible conseguir frutas y verduras a bajo precio, ya que el vendedor no desea empacar de nuevo ni correr el riesgo de quedarse por más tiempo con algunos productos perecederos.

En lo que respecta al precio de los productos orgánicos, hicimos con un horticultor una comparación de una amplia gama de productos, entre convencionales y los orgánicos,[11] y aunque pueda resultar sorprendente, los productos orgánicos, en conjunto, no eran mucho más costosos que los convencionales. No obstante, pudimos observar cierto número de disparidades: las manzanas orgánicas generalmente son más caras; en el caso de los plátanos, la diferencia es insignificante, y en cuanto a las lentejas, según su origen, los precios son equivalentes. Algunas veces, los productos orgánicos de los agricultores que viven cerca del mercado incluso son más baratos que los productos convencionales de los supermercados. Con el mismo presupuesto, y sin que necesariamente todos los productos que se adquieran sean orgánicos es posible alimentarse sanamente sin derrochar.

[11] Chevallier Laurent, *Les 100 meilleurs aliments pour votre santé et la planète*, Le Livre de Poche, París, 2010.

### "Puedo comer féculas en cada comida".
### Cierto

La característica de las féculas es el aporte de almidón (un azúcar compleja), de magnesio, potasio y calcio, en especial en las leguminosas secas. Si el producto está poco refinado (lo cual se denomina *integral*, con presencia o añadido de la envoltura de los granos, ricos en fibras vegetales), la asimilación de azúcares será lenta, lo que corresponde a un índice glucémico[12] bajo.

Es completamente posible consumir féculas en cada comida. Por ejemplo, pan integral por la mañana, arroz integral al mediodía y lentejas para la cena en ensalada o como guarnición de una verdura fresca cocida. Evita consumirlas en exceso, en particular durante el tercer trimestre del embarazo, ya que el aporte calórico llega a ser significativo.

¿Cuáles son las proporciones adecuadas? Si no tienes exceso de peso, recomendamos, en función de tu masa corporal, de 1 a 3 rebanadas de pan por la mañana, o $20 \text{ g} \times 3 = 60 \text{ g}$ máximo; de 3 a 6 cucharadas soperas de arroz cocido al mediodía, y de 3 a 6 cucharadas soperas de lentejas cocidas por la tarde –por supuesto que estas no son más que indicaciones generales–. En caso de sobrepeso, es necesario mantener las proporciones un poco más abajo, y siempre eliminando las pastas. Aunque estas no son malas en sí, el problema es que suele ser difícil controlar las proporciones y no añadirles materia grasa como mantequilla, queso, etc., lo que aumenta considerablemente la carga calórica.

Cabe señalar que no todas las féculas deben considerarse de la misma manera, en particular en el caso del índice glucémico. El pan blanco tiene un índice más elevado que el pan integral o el de diversos granos, mientras que las papas en puré tienen un índice más elevado que las papas cocidas y servidas con cáscara (véase anexo p. 234).

---

[12] El índice glucémico indica la capacidad de un alimento de elevar la cifra de azúcar en la sangre. Deben consumirse productos con el índice más bajo, sobre todo en los casos de diabetes gestacional.

**"Beber jugos de fruta, en especial sin azúcar añadida, me libera de comer dos o tres frutas al día".**

**Falso**

El aporte de azúcar (esencialmente fructosa) de los jugos comerciales, incluso los que no tienen azúcar, acarrea consecuencias. En la composición de los productos que aparecen en la etiqueta de estos productos se indica el contenido (promedio) de 10 g de glúcidos (azúcar) por cada 100 ml. Un vaso contiene alrededor de 200 ml. Así, cuando bebes un vaso de jugo de fruta comercial, absorbes el equivalente a cuatro terrones de azúcar. Nuestro organismo no está adaptado para metabolizar un aporte tan alto de azúcar. Lo mejor es consumir una fruta y masticarla bien. Esto permite que los compuestos se desintegren poco a poco en la boca y después en el intestino para ser asimilados armoniosamente. También puedes exprimir la fruta y diluir el jugo en un vaso de agua, para diluir el consumo de azúcar. Si no tienes tiempo, una solución es elegir jugos de frutas comerciales, de preferencia orgánicos, sin azúcar, y diluirlos en mucha agua: una tercera parte del jugo de frutas por dos partes de agua.

| Producto | Naturaleza |
|---|---|
| Jugo puro de frutas, jugo de frutas frescas | Sin azúcar añadida[+] |
| Jugo 100% de frutas | Posiblemente con azúcar añadida (en cierto grado). No confundirlo con el jugo puro 100% de frutas, sin azúcar añadida. |
| Néctar, jugo de frutas, bebida de frutas | Con azúcar añadida y, en algunos casos, con aditivos (ácido cítrico...) |

[+] Incluso en estos productos, el aporte repentino y considerable de azúcar de la fruta no se aconseja en altas dosis.

**"Debo comer cinco frutas y verduras al día".**

**Cierto y falso**

Podemos imaginar tu perplejidad, debido al eslogan que sin duda has memorizado de tanto que se repite en la propaganda oficial. Su principal ventaja es que, en términos de comunicación, señala la necesidad de consumir más frutas y verduras en una época en que la comida chatarra no les deja más que un lugar extremadamente reducido: las verduras frescas están siendo reemplazadas por las papas fritas, las pastas y por numerosos platillos a base de salsas; y las frutas por postres industrializados azucarados como flanes, mousses de chocolate, galletas, entre otros. Todo comenzando desde la mañana con un desayuno a base de cereales industrializados chocolatados ricos en azúcar y en acrilamida.

En este sentido, este eslogan ha tenido un efecto realmente positivo, que no euestionamos. No obstante, cinco frutas y verduras al día corresponden a entre 400 y 500 g que no siempre son bien tolerados a nivel digestivo. Ese consumo puede dar por resultado una desagradable inflamación abdominal y trastornos intestinales, como irritaciones que antes se conocían como *colitis*.

Es posible seguir una alimentación equilibrada consumiendo menos frutas y verduras, pero comiendo sobre todo las verduras cocidas. En el caso de las frutas, es preferible que las consumas maduras o cocidas para ablandar las fibras.

Sin embargo, el cuerpo necesita vitamina C de manera cotidiana, ya que no sabe sintetizarla o almacenarla. Los aportes se calculan en 110 mg de vitamina C al día, lo que corresponde en promedio a dos o tres frutas y verduras ricas en esta vitamina. Es lo mínimo que debe consumirse para garantizar que se han cubierto las necesidades de vitamina C, aunque también de vitamina B, fibras y elementos minerales como potasio, magnesio y calcio.

La otra consideración sobre este eslogan es que debe prestarse atención a no consumir cinco frutas y verduras que puedan contener residuos de plaguicidas. En realidad, el eslogan debería comunicarse más en el sentido de "más frutas y verduras en cada comida, pero orgánicas".

Sea como fuere, una alimentación equilibrada, en la que predominen las verduras y que sea rica en antioxidantes, no puede sino proporcionarte efectos benéficos, como lo han confirmado numerosos estudios. Esto también es indispensable para garantizarte un equilibrio satisfactorio de la flora intestinal.

## Poder antioxidante de las grandes familias de alimentos vegetales

| Familias de alimentos | Poder antioxidante (µmol/100g), índice FRAP[+] |
|---|---|
| Bayas (frambuesas, grosella negra, grosellas, etc.) | 1.0 a 39.5 |
| Frutos secos (duraznos, higos, etc.) y granos oleaginosos (nueces, avellanas, etc.) | 0.2 a 21.0 |
| Frutas, además de las bayas (naranjas, peras, manzanas, duraznos, etc.) | 0.1 a 11.3 |
| Verduras frescas (hinojo, ejotes, etc.) | 0 a 3.8 |
| Cereales | 0 a 1.1 |

[+] La prueba FRAP es uno de los métodos más utilizados para evaluar el poder antioxidante de un alimento. Consiste en comparar el contenido en antioxidantes del alimento con el de soluciones que tienen concentraciones conocidas de iones ferrosos.

**"No puedo comer cítricos, como naranja, mandarina o toronja, por la tarde a causa de su alta concentración de vitamina C".
Falso**
Si la imagen de la vitamina C es la de que es estimulante, es necesario relativizarla, porque no se trata de tomar 1 g de comprimido de vitamina C sintética por la tarde, sino una naranja o una mandarina (en invierno). Estas frutas aportan menos de 100 mg de vitamina C, lo que no presenta ningún riesgo de generar problemas para dormir.

| Fruta | Concentración de vitamina C en mg por cada 100 g |
|---|---|
| Grosella negra | 200 |
| Kiwi | 92 |
| Naranja | 53 |

Fuente: Anses, cuadro Ciqual 2012.

## "Debo tener cuidado con mi consumo de soya".
## Cierto

La soya tiende a presentar riesgos que son motivo de controversia... los elementos que se cuestionan son los fitoestrógenos, principalmente los isoflavones. Absorbidos en exceso, pueden alterar el equilibrio hormonal de la madre y del feto, en particular en los varones, y podría dar lugar a trastornos en la fertilidad en la edad adulta. En Francia, la Agencia Sanitaria (Anses) aconseja a las embarazadas no consumir más que un alimento al día con contenido de soya y no dar este tipo de alimentos a los niños menores de 3 años. No obstante, como se observa en el siguiente cuadro, el contenido de isoflavones varía de forma considerable según el tipo de alimento a base de soya. Aun cuando el consumo ocasional de un yogur de soya no presenta ningún problema, es preferible renunciar a esta leguminosa durante el embarazo y la lactancia.

Contenido de isoflavones de los principales alimentos
a base de soya (por contenido decreciente)[+]

| Alimento | Contenido de isoflavones (mg/100g) |
|---|---|
| Harina de soya | 173 |
| Soya en granos americana (cruda) | 155 |
| Harina de soya sin grasa | 151 |
| Soya en granos europea (cruda) | 104 |
| Proteínas de soya | 91 a 102 |
| Natto | 67 a 82 |
| Tempeh | 60 |
| Edamame[++] | 49 |
| Miso | 24 a 41 |
| Tempeh cocido | 35 |
| Tofu | 26 |
| Tofu cocido | 22 |

| | |
|---|---|
| Tofu de soya | 18 |
| Edamame cocido | 17 |
| Salchicha de soya | 13 |
| Leche de soya (tonyu) | 4 a 10 |
| "Yogur" de soya | 4 a 10 |
| Sopa miso | 1.5 |

+ Con excepción de la cuarta línea, estas cifras se refieren a productos que utilizan soya americana, que es más rica en isoflavones que la soya europea.

++ El edamame, poco conocido en Francia, pero vendido en algunas tiendas naturistas, es soya recolectada antes de que madure y después secada. Es equivalente al trigo verde.

## El pan y los cereales del desayuno

**"Es preferible tomar en la mañana 'cereales para el desayuno' que pan, sobre todo porque engordan menos".**
**Falso**

Las hojuelas de cereales para el desayuno son productos industrializados muy alejados del producto de base. Se les añaden diversos compuestos y el modo de cocción es problemático, ya que contribuye a crear sustancias como la acrilamida. En efecto, cuando se calientan los hidratos de carbono o los azúcares (glúcidos simples o compuestos), se forma este compuesto indeseable, en proporciones variables, en especial en las hojuelas de los cereales y en las papas fritas. Por otra parte, estos productos suelen deglutirse rápidamente, mientras que el pan de granos tiene la ventaja de que debe masticarse, lo que garantiza una mejor digestión y un comportamiento alimenticio adecuado. En cuanto a las calorías, las promesas de que los cereales industrializados son bajos en calorías no son más que el resultado de una mercadotecnia tendenciosa. No obstante, no es necesario que agregues demasiada mantequilla ni mermelada al pan. ¿Y por qué no sustituir la mantequilla de vaca por una mantequilla de almendras?

**"No debo consumir gluten durante mi embarazo".**
**Falso**
Salvo casos particulares (enfermedad celíaca), por supuesto que puedes comer pan. No obstante, muchas personas afirman sentirse mejor, en cuanto a la digestión, una vez que han dejado de consumir pan. En realidad, suele haber ciertos aditivos y azúcares en el pan que, cuando se consumen junto con otros (en especial los de las bebidas industrializadas), producen molestias durante el transcurso del día. Estas azúcares mal digeridas forman parte de la categoría de lo que en inglés se conoce como FODMAPS (*Fermentable Oligo-, Di-, Monosaccharides and Polyo*). Disminuir su consumo mejora el bienestar intestinal. Para sentirte mejor, es conveniente, antes que nada, que elimines los jugos industrializados, o que en su defecto no los tomes sino ocasionalmente o diluidos. De esta manera también podrás reducir el consumo de azúcares ocultas, esas que se encuentran en galletas y postres comerciales azucarados (como flanes, mousses, etc.). En este contexto, seguir comiendo un poco de pan no suele ser motivo de preocupación, y lo ideal es preferir el pan fermentado, ya que se digiere más fácilmente, se conserva mejor y su índice glucémico (véase p. 234) es más bajo. En cuanto a los elementos minerales, se absorben mejor que los del pan blanco de levadura.

**"No debo comer pan blanco".**
**Cierto, en realidad**
Mientras más refinada sea la harina que se utiliza, más elevado es su índice glucémico, y más riesgo tiene de ocasionar ansia de comer y de no regular la saciedad lo suficientemente, además de que este tipo de pan es bajo en minerales.

| Tipo de harina | Uso corriente |
|---|---|
| T 45 — Refinada | Esencialmente destinada a la pastelería |
| T 55 — Blanca clásica | Pan blanco, masa para pastel |
| T 65 — Blanca orgánica | Pan tradicional |
| T 80 — Semintegral orgánica | Pan negro |
| T 110 — Semintegral | Pan integral |
| T 150 — Integral | La harina más completa |

Si preparas tu propio pan, utiliza la harina menos refinada.

Debes restringir el consumo de pan blanco y preferir el pan integral o multigrano. Es necesario que sepas que el aporte calórico promedio del pan es de más o menos 250 kcal por cada 100 g, y una baguette pesa 250 g en promedio. Una rebanada de pan campesino estándar se calcula en 20 g, si bien esto depende, claro está, de su grosor.

El pan negro y el integral de preferencia deben ser orgánicos, ya que los plaguicidas se concentran en las vainas externas del trigo (el salvado y la capa de proteínas) y, aunque son eliminados durante el proceso de refinamiento, permanecen hasta cierto punto en los cereales integrales.

**"El pan de caja es idéntico a las baguettes y a otros panes de panadería".**
**Falso**
El consumo de panes tradicionales ha tendido a bajar, favoreciendo el de los panes de caja industrializados, los cuales tienen la ventaja de conservarse más tiempo, ser fáciles de utilizar, al tiempo que te evitan ir a la panadería todos los días (si bien es posible congelar el pan para conservarlo varios días, además de que los panes integrales de levadura se conservan bien por bastantes días). Los niños y adolescentes por lo general son adeptos a este tipo de productos comerciales, especialmente gracias a una mercadotecnia astuta y a la textura esponjosa del pan. Ahora bien, esta textura untuosa y el hecho de que se conserven por más tiempo se deben a la grasa que se les añade, pese

a que desde una perspectiva nutricional una de las cualidades más importantes del pan es, precisamente, su ausencia de grasa. Además, por lo general se les añade azúcar y muchos aditivos. El producto es tan diferente al pan tradicional que con frecuencia se le pone un aroma artificial de pan ¡para darle apariencia de autenticidad! Más allá del aspecto nutricional, este tipo de pan se deglute fácilmente, en tanto que una gran ventaja del pan tradicional es favorecer la masticación, lo que mejora la digestión.

## Las carnes

**"Debo consumir carne en cada comida".**
**Falso**
La carne aporta proteínas de valor biológico adecuado, vitaminas del grupo B y hierro de fácil asimilación (hierro hemínico). No obstante las necesidades parecen quedar ampliamente cubiertas con raciones entre 400 y 500 g a la semana, eligiendo carnes magras, (véase tabla pp. 91-92).

Todos los elementos nutritivos de la carne pueden encontrarse en otras partes, en el plano alimenticio, gracias a las combinaciones con otros grupos de alimentos.

Que consumas carne magra y bien cocida es completamente adecuado, y en proporciones justas, te ayuda a garantizar un buen equilibrio alimenticio. Para quienes tienen aversión a la carne, el consumo de pescado y de una porción equilibrada de verduras, de huevos y de productos lácteos, también puede satisfacer las necesidades nutricionales.

### ¿Hay alguna relación entre la carne y las náuseas?

En otros tiempos, la carne contenía muchos parásitos, de modo que es posible que la náusea, al inicio del embarazo, pueda representar un mecanismo de protección respecto a un producto alimentario potencialmente peligroso. Sin embargo, esta no es más que una interpretación; de acuerdo con otra, más actual, las náuseas se deben a modificaciones hormonales, particularmente a niveles de estrógeno elevados en la sangre. Sea como fuere, la especie humana es la única entre los mamíferos que presenta este tipo de problemas.

## Porcentaje de grasa de la carne según el trozo

| | | 20 a 30% de materia grasa (carnes grasas) | 10 a 20% de materia grasa | Menos de 10% de materia grasa (carnes magras) DAR PREFERENCIA |
|---|---|---|---|---|
| Puerco | Costilla | ● | | |
| | Salchicha | ● | | |
| | Embutidos | ● | | |
| | Jamón sin grasa | | | ● |
| | Filete mignon | | | ● |
| Res | Costilla | ● | | |
| | Entrecot | | | |
| | Solomillo | | ● | |
| | Filete de lomo | | ● | |
| | Centro de pierna | | | ● |
| | Bistec molido (menos de 5% de MG) | | | ● |

| | 20 a 30% de materia grasa (carnes grasas) | 10 a 20% de materia grasa | Menos de 10% de materia grasa (carnes magras) DAR PREFERENCIA |
|---|---|---|---|
| Cordero — • Chuleta | ● | | |
| • Paleta | | ● | |
| • Pierna | | | ● |
| Pollo y otras aves (pavo, etc.) — • Muslo | | ● | |
| • Filete de pollo | | | ● |

## Productos lácteos

**"Debo tomar un producto lácteo con cada comida".**
**Cierto**

Si bien no existen estudios que hayan demostrado la pertinencia del consumo de un producto lácteo en cada comida en la edad adulta, durante el embarazo es indispensable tener un aporte suficiente de proteínas, y los productos lácteos constituyen una excelente fuente de proteínas de gran valor biológico. Contienen tanto vitaminas del grupo B, en particular vitamina B6, como el calcio necesario para el buen desarrollo del embrión.

Elige los productos lácteos que toleres mejor, y los más interesantes desde el punto de vista nutricional, ya que, por una parte, la leche puede no digerirse suficientemente debido a la presencia de lactosa y, por otra, los quesos secos son ricos en grasa y en sal. Lo ideal es dar preferencia a los productos lácteos que se conocen como *ultrafrescos*, como yogures, quesos blancos y requesón, entre otros. En el caso de estos productos, la lactosa es digerida por las bacterias lácticas desde los intestinos y el porcentaje de aporte en grasa es moderado.

El aporte de calcio debe provenir de los productos lácteos, pero asimismo de diversas verduras y leguminosas como espinacas, frijoles, almendras, etc. En caso de alergia a los productos lácteos, el calcio puede ser proporcionado por aguas minerales.

**"Debo preferir la leche de oveja o de cabra en lugar de la de vaca".**
**Cierto y falso**
Perfectamente puedes consumir leche de oveja o de cabra si así lo deseas y prefieres su sabor más intenso; ahora bien, en término de tolerancia digestiva, son equivalentes a la leche de vaca. Desde el punto de vista nutricional, estos dos tipos de leche son más grasas, pero con micelas más pequeñas (glóbulos de grasa) y pueden ocasionar alergias con mayor facilidad.

Una ventaja de la leche de oveja es que contiene, en promedio, cinco veces más ácido graso omega 3 que la leche de vaca.

El problema de la leche de vaca obedece, ante todo, a la naturaleza de la alimentación de los bovinos en la ganadería convencional: es mejor en el caso de las ovejas y de las cabras, sin embargo los productos lácteos orgánicos, procedentes de vacas con una alimentación más adecuada y más sana, corresponden perfectamente a lo que necesitas, sobre todo cuando se añaden granos de linaza (que aportan omega 3) a las raciones del alimento de las vacas.

## Los pescados y los omega 3

**"Ya no puedo comer pescado porque está contaminado".**
**Falso**
Las recomendaciones relativas al consumo de pescado han cambiado en los últimos años. Hace todavía unos diez años, se acostumbraba aconsejar el consumo de pescado graso rico en omega 3, del tipo EPA (ácido eicosapentaenoico) y DHA (ácido docosahexaenoico), dos o tres veces a la semana, ya que estos tipos de pescado son los más útiles para la maduración del cerebro del niño pequeño. Por desgracia, se detectó que algunos pescados pueden contener cantidades importantes de mercurio* y de otros contaminantes como

los PCB.* Por este motivo, las agencias sanitarias recomiendan a las embarazadas y a los niños de corta edad moderar su consumo de especies contaminadas (revisa el siguiente cuadro): no más de 150 g a la semana para embarazadas, y no más de 60 g para los niños de menos de treinta meses. Asimismo, recomiendan abstenerse por completo de comer especies muy contaminadas, como el pez espada y el tiburón.

## Contaminación por mercurio* en pescados

| Nivel de contaminación | Especie |
|---|---|
| Pescados muy contaminados (más de 0.6 mg/kg) | Pez espada, tiburón |
| Pescados mediana a considerablemente contaminados (0.14 a 0.6 mg/kg) | Atún, lubina, lucio, raya, fletán, lucioperca |
| Pescados poco a medianamente contaminados (0.05 a menos de 0.14 mg/kg) | Bacalao (bacalao fresco), rescaza, atún blanco enlatado, salmón, langosta |
| Pescados muy poco a poco contaminados (menos de 0.05 mg/kg) | Boquerón, chinchard, dorada, arenque, caballa, merluza, mulo, sardina, pez sprat, tilapia, mariscos, moluscos, crustáceos (con excepción de la langosta), pescados de agua dulce (con excepción de la raya y la lucioperca) |

Sin embargo, existen limitaciones en estas recomendaciones, porque no es siempre la especie la que conlleva el problema, sino la zona de pesca. Y no existe una cartografía detallada de las zonas más contaminadas, las cuales, además, cambian con el tiempo. Los períodos de pesca también influyen, porque el contenido graso de los pescados puede contener contaminantes que se conocen como *lipófilos* (que se almacenan en la grasa), y varía con las estaciones del año, siendo más considerable en períodos fríos que en cálidos.

En cuanto a los contaminantes, el Dr. Graham Georges (del Synchroton Radiation Laboratory en Menlo Park, California) indica que "el mercurio en el pescado tal vez no sea tan tóxico como creemos;

sin embargo, resta aún mucho por descubrir". En efecto, son ciertas formas y concentraciones en el metilo de mercurio las que provocan su peligrosidad, el que se encuentra en el pescado es sobre todo cisteína de metilmercurio, que es veinte veces menos tóxica que el cloruro de metilmercurio. Además, en un estudio publicado en enero de 2015 en el *American Journal of Clinical Nutrition*, realizado a partir de un análisis de seguimiento a 1 500 madres y a sus hijos por investigadores de la Universidad de Rochester, se resalta que los niños cuyas madres consumieron mucho pescado durante el embarazo, presentan mejor capacidad motriz, conductual y comunicativa que otros.

Entonces puedes consumir pescado una o dos veces a la semana, eligiendo sobre todo entre los que están poco o muy poco contaminados, en el contexto actual de nuestros conocimientos. Se estima en la actualidad que el consumo semanal de pescados ricos en omega 3, como el boquerón, la caballa, la sardina e incluso el salmón orgánico, satisfacen el requerimiento de este ácido graso de calidad.

### "Debo consumir más omega 3".
### Cierto

Los omega 3 son ácidos grasos poliinsaturados que solemos consumir en cantidades insuficientes. La relación entre omega 6 y omega 3 es de particular importancia: no debe ser superior a 5, en tanto que, en la alimentación moderna, con frecuencia sobrepasa el 10. Para reducirla, es necesario optar, entre las materias grasas vegetales, los aceites de colza y de nuez, sobre la mayoría de los otros, con excepción del aceita de oliva. El aceite más rico en omega 3 es el de linaza, pero se oxida rápidamente y no tiene un sabor muy agradable. Es preferible consumir los granos de linaza, por ejemplo, en el pan. El pan de granos de linaza (y otras oleaginosas) es delicioso y se vende en la mayoría de las tiendas naturistas.

También es posible encontrar los llamados *omega 3 marinos* en los pescados, sobre todo en los grasos. Entre los más ricos se encuentra la caballa, el arenque, la sardina y el boquerón.

## La cafeína

**"Debo disminuir mi consumo de café".**
**Cierto y falso**

Todo depende de la cantidad de café que bebías antes del embarazo. Si era, en promedio, dos tazas al día, podrás continuar haciéndolo sin problema, pero prestando atención a otras fuentes de cafeína, como las bebidas energéticas, los refrescos y el té. La cantidad máxima de cafeína aconsejada durante el embarazo es, según el país, de 200 a 300 mg al día, que equivale a alrededor de tres tazas de café, sin importar el origen de este. Por otro lado, la cantidad de cafeína que contiene una taza de café depende de:

- El tipo de café: el café arábiga contiene dos veces menos que el café robusta, por lo que debe optarse por el primero.
- La cantidad de agua para hacer el café: mientras más aguado, menos contenido de cafeína tendrá el café, ya que el agua extrae la cafeína progresivamente. Un expreso cargado, a la italiana, contendrá netamente menos cafeína que un café americano, incluso si la cantidad de polvo utilizado es un poco más elevado.

| Bebida | Cantidad | Cantidad de cafeína (en mg) |
|---|---|---|
| Café expreso | 1 taza de café expreso (aproximadamente 3 cl) | 45-75 |
| Café de filtro | 1 taza mediana (aproximadamente 12 cl) | 50-100 |
| Té negro | 1 taza mediana (aproximadamente 12 cl) | 7-35 |
| Té verde | 1 taza mediana (aproximadamente 12 cl) | 12-23 |
| Coca Cola® | 1 lata (33 cl) | 23-25 |
| Pepsi® | 1 lata (33 cl) | 23-29 |
| Red Bull® | 1 lata (33 cl) | 53 |

Fuente: Adaptado de la Mayo Clinic, Rochester (Estados Unidos).
(El té rooíbos, o té rojo, no contiene cafeína).

## El azúcar

**"No debo tomar azúcar mascabado".**
**Cierto y falso**

El azúcar mascabado auténtico es poco usual. En los comercios, por lo general encontramos azúcar refinada, sometida a recocción, y azúcar morena, cuya concentración de acrilamida puede ser elevada. Puedes identificarla en el empaque bajo el nombre de *caramelo blando*. El azúcar mascabado auténtico es más rico en varios elementos minerales. En las tiendas orgánicas se encuentra el azúcar que se conoce como *integral*, que se elabora con el jugo de la caña de azúcar evaporado, hasta que cristaliza, como el piloncillo, que es el más rico en minerales, si bien su sabor fuerte tal vez no sea del agrado de todo el mundo. Si este es tu caso, puedes endulzar con miel orgánica[13] que tiene calidad asegurada, pero ¡ten cuidado y no te excedas al consumirla durante tu embarazo!

En cuanto a la stevia, puedes remojar una o dos hojas (provenientes de agricultura orgánica) directamente en tu bebida, si bien lo más sencillo y económico es que tú misma la cultives en tu jardín o en tu balcón.

## Los huevos

**"Todos los huevos son permitidos".**
**Falso**

El huevo es un alimento muy aconsejable, porque contiene una gran cantidad de micronutrimentos, de vitaminas (en particular B9, B12, D), así como elementos minerales vitales para el futuro bebé... y para los adultos (calcio, hierro, magnesio, potasio, yodo y selenio). Sin embargo, no todas las gallinas son criadas de la misma

---

[13] Las consumidoras mexicanas tienen a su alcance la miel de agave orgánica cuyo índice glucémico es bajo [N. de E.].

forma, y es necesario que des prioridad a los huevos orgánicos,[14] puestos por gallinas que recibieron una alimentación adecuada y que pueden desplazarse en un espacio de 2.5 m², a diferencia de las que son criadas en jaulas de batería, donde apilan a 18 gallinas por metro cuadrado. Los huevos puestos por gallinas criadas al aire libre con sello de certificación,* pueden también consumirse sin ningún temor. Estas aves también gozaron individualmente de un espacio de 2.5 m² para desplazarse.

Debes, por tanto, siempre elegir huevos orgánicos y de gallinas criadas al aire libre y con una alimentación adecuada. El consumo adecuado de huevos es de aproximadamente cinco a la semana.

## Las compras

**"¿Son de buena calidad los productos de marca propia de los supermercados?".**
**Sí y no**
El Observatorio de la Calidad de los Alimentos (Oqali), en Francia, publicó en julio de 2015 un estudio[15] que indica que no hay gran diferencia en la calidad nutricional entre los productos de marca libre, en particular entre las marcas de los distribuidores y las grandes marcas. Es necesario matizar un poco esta afirmación, porque no toma en cuenta el problema de los aditivos y de los diversos contaminantes añadidos a la alimentación, de manera voluntaria o involuntaria. De tal suerte que en los productos de marca propia es posible encontrar más conservadores para garantizar una duración de vida prolongada de los artículos. En otros casos se usan aditivos como los fosfatos,

---

[14] Los autores recomiendan consumir huevos marcados con código 0 o 1, que en el primer caso indica gallinas de libre pastoreo alimentadas organicamente, y en el segundo, gallinas criadas al aire libre. Ambos tipos de huevo están disponibles en nuestro país.

[15] "Caractérisation de l'offre alimentaire, par secteur et segment de marché-2015". L'Oqali (L'Observatoire de la qualité de l'alimentation) "Caracterización de la oferta alimentaria por sector y segmento de mercado: 2015"

que permiten hacer más pesado el producto con compuestos menos caros que el producto de base, lo cual se hace, por ejemplo, con algunos jamones. En cambio, en el caso de productos como los yogures, los quesos frescos, las mermeladas o los chícharos en frasco de vidrio, no hay diferencias desde el punto de vista nutricional entre las distintas marcas. El precio es más elevado en los productos de marca, lo que supuestamente se justifica por la mercadotecnia y la "investigación" de mercado. No se puede, por consiguiente, generalizar, pero el estudio mencionado tiene el mérito de mostrar que es posible nutrirse correctamente a precios razonables.

## Lo orgánico

**"¿Son de fiar los productos orgánicos de los supermercados grandes?".**
**Sí**
Ha habido un avance muy significativo en estos últimos años, y las marcas más importantes proponen productos orgánicos completamente confiables y a precios cada vez más razonables. Es cierto que es más agradable y más ecológico adquirirlos con los comerciantes de productos orgánicos que sabrán aconsejarte y que dan preferencia a los productos locales. Por desgracia, no siempre se encuentran cerca de donde vives. Los productos orgánicos de los supermercados constituyen una alternativa, más aún porque son controlados rigurosamente y con una oferta que cada vez cuenta con más surtido.

**"¿Hay productos que sea preferible comer orgánicos?".**
**Sí**
No importa que el criterio sean los plaguicidas o la riqueza en antioxidantes, las frutas y verduras son indiscutiblemente los alimentos que se deben consumir orgánicos. Debido a que el riesgo de contaminación por plaguicidas en los productos convencionales es muy variable según el tipo de frutas o de verduras, como se muestra en la siguiente gráfica.

## Porcentaje de frutas y verduras que contienen residuos de plaguicidas en Francia y en Europa

(Fuente: informe anual de 2013 de la Autoridad de Seguridad de los Alimentos de Europa EFSA, por sus siglas en inglés).

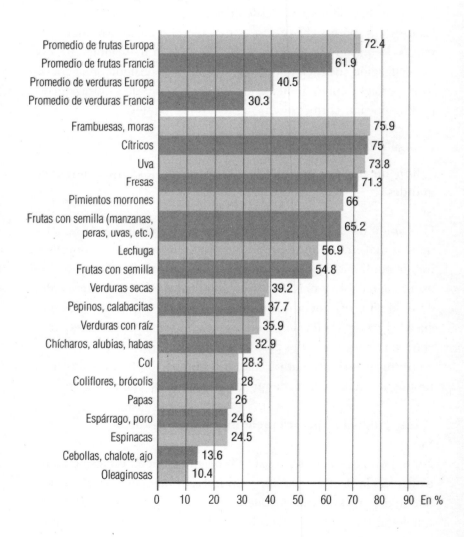

Promedio de frutas Europa — 72.4
Promedio de frutas Francia — 61.9
Promedio de verduras Europa — 40.5
Promedio de verduras Francia — 30.3

Frambuesas, moras — 75.9
Cítricos — 75
Uva — 73.8
Fresas — 71.3
Pimientos morrones — 66
Frutas con semilla (manzanas, peras, uvas, etc.) — 65.2
Lechuga — 56.9
Frutas con semilla — 54.8
Verduras secas — 39.2
Pepinos, calabacitas — 37.7
Verduras con raíz — 35.9
Chícharos, alubias, habas — 32.9
Col — 28.3
Coliflores, brócolis — 28
Papas — 26
Espárrago, poro — 24.6
Espinacas — 24.5
Cebollas, chalote, ajo — 13.6
Oleaginosas — 10.4

0  10  20  30  40  50  60  70  80  90  En %

**"¿Es posible comer productos orgánicos sin gastar una fortuna?".**
**Sí**

Los alimentos orgánicos muchas veces son más costosos. Pero numerosos testimonios de consumidores muestran que es posible alimentarse con comida orgánica sin modificar drásticamente el presupuesto alimentario. En ocasiones, los productos orgánicos de los agricultores de los alrededores de la ciudad son menos caros que los productos convencionales que se encuentran en los grandes almacenes. Al mismo tiempo, hemos podido constatar que los precios de los productos orgánicos han disminuido de manera general. Es necesario rechazar la idea de que los productos orgánicos solo están reservados para los ricos, haciendo de ellos una especie de marca social. Durante nuestras consultas, pedimos a nuestros pacientes promedio que hagan ellos mismos el balance de los artículos inútiles que colocan en sus carritos de supermercados, como jugos comerciales, galletas, etc., y que se abastezcan de productos orgánicos con el mismo presupuesto. Resulta que casi todos lo logran, sin comprar necesariamente todo orgánico.

Podríamos también recomendarte:

- Organízate para abastecerte en los mercados o directamente con los productores, particularmente mediante el sistema de cestas que han implementado las AMAP (Asociaciones para Mantener una Agricultura Campesina).
- Modifica tus hábitos alimenticios. El embarazo es una ocasión excelente para hacerlo: consume menos carne (sobre todo carne roja), en caso de que la consumas en exceso, y otros productos de origen animal mucho más caros que los productos vegetales por el aporte nutricional, asegurándote siempre del riguroso control biológico (dosis de hierro, glóbulos rojos). Así, 1 g de proteína cuesta, en forma de bistec, cerca de diez veces más que la variante de proteína con lentejas o con garbanzos. Reemplazar en parte las fuentes de proteína animal (carnes, pescados, huevos y productos lácteos) por fuentes de

proteínas vegetales (leguminosas, frutos secos oleaginosos, cereales integrales) es una elección benéfica para tu monedero, para tu salud y para el planeta. Reducir el consumo de productos de la industria agroalimentaria, que con frecuencia son demasiado grasosos, azucarados o salados, no presenta más que ventajas, tanto en lo que se refiere al presupuesto como a la salud y al sabor.

- Cultiva un huerto, cuando sea posible, lo que te permitirá fusionar lo útil con lo agradable. Para muchos, producir sus propias verduras, e incluso sus frutos, se torna una pasión, más aún porque, contrariamente a lo que se piensa, esto no toma mucho tiempo si solo se trata de las verduras y las frutas más costosas o más perecederas, como ejotes, chícharos, lechugas, fresas, frambuesas y otras pequeñas frutas. Un ejemplo de otros tantos: una verdura que se ha vuelto muy de moda desde hace algún tipo es una variedad de col que se vende en Francia bajo su nombre inglés de *kale* (*berza* o *col rizada* en español), y la cual es excepcionalmente rica en vitamina C y en antioxidantes. Se vende en París, en tiendas naturistas, hasta a 10 euros el kilo, cuando bien puede crecer en todos los jardines y cuando se encuentran semillas de esta verdura en todos los viveros y en internet, donde se venden bajo el nombre de col rizada. Otra ventaja más es que es rústica y muy resistente al frío, y es posible recolectarla durante casi todo el invierno. Podrían multiplicarse los ejemplos, pero, sencillamente deseamos hacer hincapié en que es completamente posible cultivar por lo menos algunas variedades de verduras, siempre que se cuente con un pequeño jardín e incluso un balcón.

## Consejos por trimestre

Durante tu embarazo, a lo largo de los días y las semanas, sucederán modificaciones en tu metabolismo que asegurarán el desarrollo del feto, el aumento de volumen del útero, así como la formación de la placenta. Paralelamente, se llevará a cabo, de manera progresiva, la organización del período posterior a la gestación.

En cuanto a los **azúcares** o glúcidos, la glucosa es el principal nutriente necesario para el feto, que le llegará *a través* de la placenta. Se calcula que las necesidades del feto son de 150 g al día durante el tercer trimestre de embarazo. Por lo tanto, no tiene caso tomar de más, ya que la naturaleza está tan bien hecha que la producción interna de glucosa, a cargo del hígado, aumenta en ¡30% en las embarazadas!

Respecto a las **proteínas**, los requerimientos de estas son importantes para asegurar el desarrollo de los tejidos maternos de la placenta y de la formación del feto. Al inicio de la gestación, se observa un aumento fisiológico de la reserva de proteínas, que serán utilizadas en el transcurso del embarazo y de manera importante al final.

En el caso de los **lípidos**, el almacenamiento se realiza durante los dos primeros trimestres del embarazo, pues serán utilizados en el transcurso del tercero. Estas modificaciones fisiológicas producen un aumento de los niveles circulantes de colesterol y de triglicéridos (alrededor de 20%) en la embarazada, lo cual es completamente normal.

Las propuestas nutricionales que presentamos a continuación están balanceadas y adaptadas a tus necesidades. Son, asimismo, compatibles con las actividades habituales que llevas a cabo y puedes practicarlas sin restricciones. No debes suprimir ninguna comida y es necesario que las realices a una hora fija.

## Lo dulce

Puedes tomar un poco de mermelada por la mañana, pero deberás eliminar de cada una de las comidas: dulces, pasteles, helados y frutas en almíbar.

Las frutas frescas pueden consumirse libremente porque aportan vitaminas, minerales y fibras.

## Las grasas

Cuidado con la materia grasa oculta en diferentes alimentos, en particular los platillos cocinados industrializados. Es necesario leer bien las etiquetas y dar preferencia a los productos que contienen menos de **10 g de lípidos por cada 100 g**. Para el desarrollo del cerebro de tu bebé, consume de preferencia productos que contengan ácidos grasos omega 3, como el aceite de colza y de nuez en aliño.

## Las bebidas

Es necesario beber de 1 a 1.5 litros de agua al día. No consumas bebidas con azúcar añadida; es decir, ningun refresco ni bebida baja en calorías *light* o edulcorada, puesto que aún no se conocen lo suficiente los efectos que tienen en las embarazadas. En el caso de los jugos de frutas, da preferencia a los jugos de frutas frescas exprimidas. De no ser así, adquiere los que mencionen en la etiqueta "sin azúcar añadida" y que no contengan edulcorantes.

**Reglas generales**

- Come lentamente, no tragues los alimentos.
- Duerme lo suficiente.

## Ejemplos de organización nutricional de un día en el primer trimestre

No está de más insistir en la importancia de que sigas una alimentación adecuada desde el punto de vista cuantitativo y cualitativo (orgánico) durante las primeras semanas del embarazo. Toda deficiencia nutricional tendrá consecuencias en el desarrollo del bebé.

Quizá sea un período un poco difícil de enfrentar a causa de las náuseas. Para atenuarlas, lo mejor es que adoptes una alimentación escalonada, como en la siguiente propuesta:

| | |
|---|---|
| **Desayuno** | Beber lo que acostumbras, evitando el café normal; es preferible el descafeinado. Té ligero; idealmente, según tu tolerancia, leche orgánica, y eventualmente, con chocolate.<br>Pan integral o multigrano orgánico, 2 rebanadas en promedio, según el hambre que tengas.<br>Mantequilla (5 a 10 g, un pequeño cuadrito, como el que dan en los restaurantes), miel. |
| **Colación** | Yogur natural, fruta. |
| **Comida** | Carne magra o pescado (aprox. 120 g) o huevo.<br>Verduras y féculas (3 a 6 cucharadas soperas de ingredientes cocidos, como arroz, lentejas, puré de papa, quinoa, trigo bulgur, etc.).<br>En caso de náusea intensa, opta por una alimentación fría: ensalada mixta (verduras orgánicas de la estación crudas y bien lavadas, huevo duro, lechuga, etc.), y jengibre fresco rallado (ingrediente contra las náuseas), si te agrada.<br>Productos lácteos (yogur natural orgánico). |
| **Colación** | Fruta o compota o algunos frutos secos (3 a 4). |
| **Cena** | Sopa de verduras.<br>Carne orgánica o jamón orgánico (sin grasa ni piel) o mariscos, como los camarones. Según lo que hayas consumido en la comida, verduras frescas orgánicas cocidas.<br>Queso orgánico.<br>Fruta o compota. |
| **Actividad física** | Caminar. |

## Ejemplos de organización nutricional de un día en el segundo trimestre

Cuida de no consumir productos con azúcar añadida. Los únicos productos dulces que debes consumir son frutas y compotas, sin azúcar añadida, e incluso el jugo de una fruta fresca, diluido en agua. Evita todo tipo de galletas, ya que son productos con grasa y azúcar, sin ningún valor nutricional real, al igual que los mousses de chocolate, flanes, etc. En cambio, si lo deseas, puedes añadir un poco de compota o de algunas frutas secas al queso blanco y al yogur natural.

Se recomienda un aporte periódico de féculas durante las comidas.

| Desayuno | Similar al desayuno anterior. Pan integral o multigrano orgánico, de 2 a 3 rebanadas. Mantequilla (5 a 10 g, un pequeño cuadrito, como el que dan en los restaurantes), compota (que tiene 50% menos azúcar que la miel o las mermeladas). |
|---|---|
| Colación | Fruta. |
| Comida | Carne magra o pescado (aprox. 120 g) o huevo. Verduras y féculas (3 a 6 cucharadas soperas). Ensalada verde (vinagreta a base de aceite de nuez o de colza). Productos lácteos, como queso (no proveniente de leche cruda) o yogur natural. |
| Colación | Fruta o compota o algunas frutas secas. |
| Cena | Sopa de verduras. Carne o jamón, según lo que hayas consumido en la comida. Verduras y féculas (2 a 3 cucharadas soperas). Ensalada verde (vinagreta a base de aceite de nuez o de colza). Queso (no proveniente de leche cruda). Fruta o compota. |
| Actividad física | Caminar. |

## Organización nutricional de un día en el tercer trimestre

Continúa vigilando los aportes calóricos y reduce un poco las cantidades de féculas y pan.

## Vitaminas y minerales que no deben faltar a lo largo del embarazo

| Micronutrimentos | Principales fuentes alimenticias durante el embarazo |
|---|---|
| Hierro | Carne magra, de vaca o de aves, 4 a 5 veces a la semana; pescados, 2 veces a la semana, una de las cuales debe ser de pescado graso, como sardina o caballa. |

| Micronutrimentos | Principales fuentes alimenticias durante el embarazo |
|---|---|
| Vitamina B9 o ácido fólico | Verduras verdes con hojas (lechuga, espinacas, etc.), frutos oleaginosos (nueces, avellanas), huevo. |
| Vitamina D | Pescado "graso" (como las sardinas), yema de huevo, mantequilla. |

# UTENSILIOS DE COCINA

El comportamiento alimentario selectivo de calidad también debe tener en cuenta otros elementos, entre los cuales se encuentra la ausencia de contaminación por sustancias químicas que se generan en los utensilios de cocina.

## Cacerolas y sartenes

Los instrumentos de cocina no deben tener revestimiento antiadhesivo. El uso de derivados fluorados (politetrafluoroetileno o PTFE*) puede representar problemas y algunos pueden haber sido fabricados con PFOA* (ácido perfluorooctanoico), el cual, en condiciones normales, no debería encontrarse al final del proceso de fabricación de los utensilios de cocina. Se trata de perturbadores endócrinos* que se vuelven tóxicos a partir de los 230 °C y que pueden contaminar los alimentos. A temperaturas bajas, son inertes. Los análisis toxicológicos, que durante mucho tiempo ocultaron los fabricantes, han mostrado que el PFOA contaminaba a las obreras embarazadas que trabajaban en las fábricas donde se producía, migrando hasta el embrión con múltiples consecuencias. Cabe destacar que el PFOA, utilizado en la fabricación, interactúa negativamente con las hormonas tiroideas y sexuales de todos. Además, este compuesto se degrada muy deficientemente, y diversos estudios muestran que se encuentra en el medioambiente, por lo que se introduce fatalmente en un momento u otro de la cadena alimenticia. Teniendo en cuenta la mala reputación de estos tipos de revestimientos, poco a poco han surgido nuevos, y en la actualidad es posible leer en las etiquetas de algunos utensilios "libre de PFOA", lo que se supone que debe tranquilizarnos… no obstante, es muy difícil saber más sobre estas novedades: nosotros hemos vivido la experiencia por medio de la Red de Salud Medioambiental. Los fabricantes se han negado a contestar nuestras preguntas por el siguiente motivo: "¡Secreto industrial!". Respecto a otros perfluororcarburos (PFC), que posiblemente sean utilizados, es importante saber que se han considerado ¡cancerígenos probables para los humanos! El equipo de la revista *60 Millions de consommateurs* también intentó encontrar más información sobre esto, y su conclusión inapelable es: "El problema es que sobre esta o la(s) sustancia(s) de 'reemplazo' del PFOA reina la mayor ambigüedad".

Las autoridades, sin lugar a dudas, deberán elegir entre el derecho de saber de los consumidores y los secretos industriales. Su postura actual es sencillamente inaceptable.

Teniendo en cuenta todos estos elementos, tu embarazo quizá sea la oportunidad para renovar algunos de tus utensilios de cocina y elegir los más adecuados; es decir, los de acero inoxidable, que están fabricados principalmente de acero, con el cual las interacciones entre contenedor y contenido son prácticamente inexistentes. Claro está que es indispensable verter un poco de aceite en las cacerolas y sartenes para evitar que los alimentos se peguen. Sin embargo, las restricciones en términos de limpieza son menores en relación con los beneficios a la salud.

Otros tipos de revestimientos, en especial los que están fabricados a base de cerámica o de esmalte, podrían ser, en principio, recomendables, pero persisten demasiadas dudas que actualmente no tienen respuesta.

En el caso de los revestimientos de cerámica, los hay a base de amalgamas con resinas cuestionables (la mayor parte de las veces se trata de productos de importación), en tanto que la posible presencia de nanopartículas no suele indicarse. Respecto al plomo* y al cadmio* presentes en las cerámicas antiguas y algunas veces en las de importación, estos elementos pueden migrar a los alimentos más allá de niveles admisibles (los cuales no necesariamente se encuentran actualizados). También debes tener cuidado con los platos artesanales de cerámica y los de barro cocido, susceptibles de contener plomo. En cuanto a las dudas en relación con los productos esmaltados se ven reforzadas a partir de la presencia de pigmentos de colores.

Cualesquiera que sean los materiales (esmalte, barniz, etc.), es inconcebible que no pueda obtenerse suficiente información por parte de las autoridades. Por otro lado, ¡son muchos los fabricantes que no se dignan a dar respuesta a estas cuestiones!

En cuanto al aluminio, que es buen conductor de calor y que goza de aprecio entre los fabricantes, no debe estar en contacto directo con los alimentos. Respecto de las parrillas de piedra, por lo general se arman con polvo de piedra reconstituida y pegamento (de aleación de compuestos minerales y de polímeros químicos), acerca de las cuales también han surgido, en relación con algunas, cuestionamientos importantes sobre su inocuidad cuando se calientan por completo.

La poca información disponible sobre el peligro de migración de cierto número de sustancias potencialmente nocivas a los alimentos, en este período de tu embarazo, debe llamarte a la prudencia. Tu forma de actuar puede ser muy sencilla: **en términos generales, abstente, en estas condiciones, de usar utensilios con revestimiento. No emplees más que sartenes y cacerolas de acero inoxidable. En el caso de otros utensilios de cocina, prefiere el vidrio, incluso el arrabio y el barro sin vidriar.**

## Espátulas y otros accesorios

Muchos accesorios (como las espátulas, los cucharones, las espuma-
deras o los batidores de mano) hechos de plástico pueden contener,
sin que lo sepas y de manera fraudulenta, melanina. Aunque algunos
resisten mejor que otros, la mayor parte de los utensilios de plástico
suelen degradarse cuando la temperatura es superior a 70 °C. Por
consiguiente, sé prudente respecto al uso de estos accesorios. Es cierto
que el tiempo de contacto con el calor, al momento de la cocción, es
breve. Aun así, es preferible que te limites a los de acero inoxidable.
En cuanto a los de madera, la mayoría de las veces desconocemos
la naturaleza del tratamiento al que fueron sometidos, de modo que
¡solo utiliza los utensilios de los cuales estás segura o los que perte-
necían a tus abuelas!

## Moldes de silicona*

Una vez más, es difícil contar con información confiable y exhaustiva sobre la composición exacta de los moldes de silicona y el grado
de migración total de sus compuestos. La presencia de ftalatos* es
posible en este material. Los fabricantes a los que se ha preguntado
al respecto no responden de manera clara… ¡si es que responden!
En 2010, la Dirección General de la Competencia, del Consumo y
de la Represión de Fraudes señaló que 25% de los moldes de silicona analizados emitían compuestos volátiles cuando se calentaban a
temperaturas superiores a los niveles admitidos por las normas. En
varios países se han prohibido algunos tipos de moldes de silicona,
como los llamados *peróxidos*, a diferencia de los de platino, que resisten mejor al calor (100% silicona platino). En tu estado de gravidez,
recurre una vez más a la prudencia y utiliza moldes o refractarios de
vidrio resistentes al calor.

# El procesador de alimentos, en particular para preparar la comida del bebé

Por increíble que parezca, muchos de los procesadores de plástico, destinados a preparar alimentos para bebés, pueden contener bisfenol A.* Por fortuna, también los hay que no contienen perturbadores endócrinos.* Es indispensable leer con cuidado la información de la etiqueta, aunque no siempre sea clara. Los fabricantes a los que se ha preguntado responden que "se apegan a las normas". Debes estar muy atenta. Por regla es necesario preguntar al vendedor y, a la menor duda, utiliza solo procesadores de acero inoxidable.

## El horno de microondas

El uso del horno de microondas es completamente posible para recalentar o cocinar un número determinado de alimentos. No obstante, es indispensable proceder de manera adecuada. No utilices plástico autoadherible para cubrir los recipientes, porque contienen ftalatos* que pueden migrar a los alimentos, sobre todo los que son grasos. La regla es sencilla: **recalienta tus alimentos en el horno de microondas, solo en recipientes de vidrio e incluso entre dos platos.**

# CONSEJOS DE HIGIENE[16]

La prevención y el control de los contaminantes a lo largo de la cadena alimenticia contribuyen a una mejora significativa de la calidad microbiológica de los alimentos. Sin embargo, en 2011, el 38% de los focos de infecciones acompañadas de intoxicación de origen alimentario denunciadas en Francia ocurrió en el seno familiar. El desconocimiento de las vías de contaminación secundaria es un hecho

---

[16] Según la Anses, marzo de 2015. (Adaptación nuestra).

entre los consumidores. Con objeto de ayudarte a limitar los riesgos de contaminación en tu hogar, sobre todo dentro de la cocina, presentamos a continuación las 10 medidas prioritarias de prevención, de acuerdo con Anses:

1. Lávate bien las manos con jabón antes de preparar los alimentos y durante la preparación.

2. Evita preparar alimentos en caso de tener síntomas de gastroenteritis. Si es imposible que alguien más lo haga, presta mucha atención al lavado de manos y, de preferencia, usa alimentos que necesiten poca preparación.

3. Si los alimentos se derraman en el refrigerador, limpia en seguida las superficies sucias. En condiciones ideales, el refrigerador debe limpiarse al menos una vez al mes.

4. Cada tipo de alimento debe tener su propia tabla de cortar: reserva una para la carne y para los pescados crudos, otra para los productos crudos, otra para los productos cocidos y otra para las verduras limpias. Una vez que se cocinen los alimentos, no reutilices los platos y los utensilios que se usaron para transportarlos crudos.

5. Para limitar el riesgo de multiplicación de microorganismos, no conserves los alimentos más de dos horas a temperatura ambiente, antes de refrigerarlos.

6. Para conservar productos de comida preparada, platillos cocinados, pasteles a base de crema o alimentos "muy perecederos" no preempacados, en los cuales no haya fecha de caducidad, se recomienda consumirlos antes de tres días. Pide consejo a los vendedores.

7. Mantén la temperatura a 4 °C en la zona más fría del refrigerador y verifica la impermeabilidad de las puertas.

8. A los niños pequeños, a las embarazadas y a las personas inmunodeprimidas se les recomienda el consumo de carne molida, bien cocida para protegerlos de los patógenos.

9. No se recomienda de ninguna manera a los niños, las embarazadas y las personas inmunodeprimidas el consumo de carne cruda o pescado crudo (en tártara o *carpaccio*), y de productos lácteos manufacturados a base de leche cruda (con excepción de los quesos de pasta prensada cocida, como el gruyer o el gruyer de Comté).

10. Las comidas y los biberones con leche para los lactantes requieren atención especial: no los conserves más de 48 horas a 4 °C. Para los bebés, los más sensible a infecciones, prefiere preparaciones estériles en forma líquida.

También te aconsejamos respetar bien la cadena de refrigeración y hacer las compras con, por ejemplo, bolsas isotérmicas o neveras.

## PRODUCTOS DE LIMPIEZA PARA LA COCINA Y LA VAJILLA

### Los productos

| Limpieza de | Productos y uso |
|---|---|
| La vajilla en lavavajillas | Usa los productos para lavavajillas con uno de los sellos de certificación* de las páginas siguientes, en particular de la EU Ecolabel europea. Diluye los productos en 1/3 de agua, o incluso más (algunos se encuentran demasiado concentrados). |
| La vajilla, a mano | Detergente líquido para platos, de uno de los sellos de las páginas siguientes. Vinagre blanco,* para quitar el cochambre y el calcio, y para dar brillo a vasos y jarras. Bicarbonato de sodio,* si se necesita para las cacerolas y sartenes. |
| Las placas de inducción magnética | Jabón de Marsella auténtico y bicarbonato de sodio. |
| El fregadero | Idealmente, con asientos de café, desengrasante de cañerías o vinagre blanco. |

| Limpieza de | Productos y uso |
|---|---|
| Los muebles y las puertas exteriores de los aparatos electrodomésticos | Jabón líquido de Marsella auténtico. |
| El horno | Jabón líquido de Marsella auténtico; bicarbonato de sodio, si es necesario. |
| Los cristales (únicamente los cristales que se encuentren a tu alcance, para evitar todo riesgo de caída) | Vinagre blanco. |
| Suelos | Vinagre blanco, bicarbonato de sodio o jabón negro africano. |

## Una multitud de sellos de certificación[17]

(Para las características de estos sellos de certificación, revisa las pp. 155-156).

| Logotipos | Sellos de certificación principales[*39] |
|---|---|
| EU Ecolabel www.ecolabel.eu | EU Ecolabel europea |
| ECO CERT® ECODÉTERGENT | Ecocert Ecodétergent |

---

[17] Para el caso de México, las empresas relacionadas con mantenimiento y productos de limpieza obtienen la etiqueta ecológica de la Procuraduría Federal de Protección al Ambiente (Profepa). Esta etiqueta certifica que los productos tengan un mínimo impacto sobre el agua, que sean biodegradables y que no contengan sustancias peligrosas [N. de E.].

| Logotipos | Sellos de certificación principales[39] |
|---|---|
| NATURE & PROGRES | Nature et Progrès |
| PAR AFNOR CERTIFICATION NF ENVIRONNEMENT | NF environnement |

## Consejos de uso

Para la vajilla, lo ideal es que la pongas a remojar previamente. Si está muy sucia, mezcla bicarbonato de sodio,* el jugo de medio limón y agua tibia. Pasa la esponja por los platos sucios y enjuágalos. Colócalos enseguida en el lavavajillas o en una cubeta.

Para limpiar el quemador eléctrico, ya sea de inducción o de halógeno, utiliza jabón líquido de Marsella auténtico, diluido. Deja que actúe unos minutos sobre las manchas y los depósitos. Si es necesario, añade un poco de bicarbonato de sodio. Deja que actúe y seca sin enjuagar con una toallita de microfibra muy gruesa, para que pueda absorber el jabón.

Si tu fregadero tiende a taparse, límpialo periódicamente, vertiendo, por ejemplo, agua tibia con asientos de café durante el tiempo suficiente para permitir que se destape la cañería.

Para los muebles y las puertas externas de los aparatos electrodomésticos, toma un trapo humedecido en jabón líquido de Marsella auténtico, diluido, y luego pasa el trapo suavemente sobre las marcas de dedos y de grasa. En el caso de la puerta interior del horno y de las paredes, procede de la misma manera, pero rociando jabón líquido y después secando todo rápidamente con una toalla de microfibra. Evita usar productos agresivos dentro del horno. Si hay restos de material carbonizados, vierte bicarbonato de sodio puro en una esponja húmeda para quitarlos. Evita utilizar el sistema de pirolisis (descomposición con calor).

Para los cristales de la cocina o los ventanales, quita el polvo con una toalla de microfibra especialmente fabricada para ese fin, y después utiliza, si es necesario, un líquido a base de jabón auténtico de Marsella, o rocíalo. Seca rápidamente, a continuación, con una toalla. Algunas personas utilizan papel periódico hecho bola, que humedecen y al cual le agregan un poco de vinagre blanco.*

Si tienes loza, rocía una mezcla de vinagre blanco diluido en un poco de agua tibia y sécala rápidamente con una toalla de microfibra.

Para el suelo de la cocina (de loseta u otros), comienza barriendo con la escoba húmeda, con objeto de recoger migajas y polvo. Con una toalla de microfibra, humedecida con un poco de vinagre blanco,* podrás entonces quitar las manchas de alimentos (existen sistemas muy útiles de barredoras con toallas de microfibras que facilitan esta tarea). La toalla puede lavarse regularmente. La tarea de limpiar puede hacerse con bicarbonato de sodio* (una cucharada sopera por cada 3 litros de agua) y unas gotas de limón en una cubeta, utilizando un trapeador. A continuación, enjuaga y rocía algunas gotas de aceite esencial de limón para desodorizar la cocina. Otra posibilidad para la limpieza cotidiana es utilizar jabón negro africano.

Si necesitas desodorizar el interior del refrigerador, coloca una taza con un poco de bicarbonato.

# Baño

## Cosméticos y productos de higiene personal

# En el baño

1. **Medicamentos.** Debido a los riesgos a los que al tomar medicamentos la madre puede exponer al feto, no debes tomar medicamentos alópatas durante el embarazo sin haberlo consultado con tu médico.

2. **Maquillaje.** La mayoría de los productos de maquillaje contienen perturbadores endócrinos.* Por ello te aconsejamos enfáticamente no maquillarte durante el embarazo, o de manera excepcional, hacerlo con productos adecuados.

3. **Pasta de dientes.** Por el simple contacto con la mucosa gingival, las sustancias contenidas en la pasta de dientes pasan a la sangre. Por consiguiente, es necesario que evites las que contienen muchos compuestos químicos y que des preferencia a las pastas orgánicas.

4. **Jabón.** Elige jabones sólidos y artesanales, saponificados en frío (es decir, que conserven la glicerina). También puedes comprar jabones orgánicos supergrasos.

5. **Pañales para el bebé.** Lo ideal es que adquieras los pañales desechables etiquetados como ecológicos, porque están hechos con al menos 70% de materiales naturales. Además para la absorción, utilizan celulosa vegetal y menos poliacrilatos que los pañales tradicionales.

6. **Productos de limpieza.** El vinagre blanco, el bicarbonato de sodio y el jabón de Marsella auténtico son los principales productos de limpieza que vas a necesitar en tu baño.

El baño es el lugar donde se concentran los productos de belleza y de higiene corporal que se utilizan cotidianamente. Se ha demostrado que estos pueden contener una cantidad aterradora de sustancias químicas, entre las que se encuentran los perturbadores endócrinos,* que pueden modificar el metabolismo y tener repercusiones en el embrión.

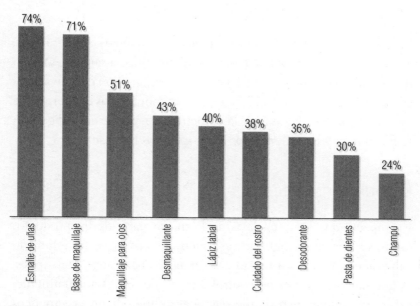

Productos de belleza y porcentajes del contenido de perturbadores endócrinos (Fuente: Notéo, septiembre de 2013).

Estamos aún lejos, muy lejos, de las imágenes publicitarias que tratan de tranquilizarnos mostrando a pseudocientíficos en batas blancas alabando tal o cual producto de belleza o de higiene corporal, pero ocultando los diferentes principios que se conocen como *activos*. Así que veremos la forma de evitar que caigas en las trampas de la mercadotecnia.

Durante tu embarazo, debes, más que nunca, diferenciar entre los productos de higiene corporal necesarios (jabón, pasta de dientes y champú) y los productos de belleza (base para maquillaje, desmaquillante, esmalte de uñas, tinte para cabello, desodorante, etc.), cuyo uso cotidiano no se recomienda, teniendo en cuenta la cantidad de agentes químicos que los componen.

# PARA AYUDARTE A ELEGIR MEJOR

## La piel no deja de funcionar

Cuando aplicas un producto en la piel, en las mucosas o en los labios, las sustancias que contiene pasan rápidamente a la sangre. A modo de ejemplo, los parabenos* de los cosméticos, que son conservadores con los códigos E214 a E217, contaminan mucho más el cuerpo que los que se ingieren a través de la alimentación, ya que en la digestión se fraccionan y la acidez de los jugos gástricos los destruye.

## Estudios insuficientes

El impacto que tiene en la salud la mayor parte de los productos químicos que se encuentran en los cosméticos no se ha estudiado cabalmente, menos aún en el caso de las embarazadas. Por supuesto que hay organismos de control y reglas de uso. Adicionalmente, existe una nomenclatura internacional de ingredientes cosméticos (INCI) que exige que se mencionen las diferentes sustancias en orden decreciente en las etiquetas, lo que permite, *a priori*, analizar los compuestos presentes. Pero como tú no eres necesariamente especialista en química, hay muchas trampas para evitar que interpretes estas etiquetas correctamente. Retomaremos esto más adelante. Por otra parte, las normas que se utilizan para definir el grado de toxicidad suelen ser obsoletas, ya que se remontan, en ocasiones, a varios decenios atrás. Por ello resulta legítimo exigir que se lleven a cabo más estudios para garantizar la inocuidad del uso de estos cosméticos en las embarazadas. En estos productos se ignoran prácticamente los márgenes de seguridad de utilización, lo que incluso admiten toxicólogos independientes. Asimismo, ¡suelen desconocerse los efectos de las interacciones de las sustancias entre sí (efecto coctel, véase p. 25) en la salud de la madre y de su futuro bebé!

## Jerarquizar los riesgos para la salud

Tanto el nivel como el período de exposición definen el potencial de peligrosidad. El feto es extremadamente vulnerable. Sin embargo, si no utilizas más que ocasionalmente un producto cosmético, como el lápiz labial o el esmalte para uñas, no correrás ningún peligro, puesto que la duración y el nivel de exposición son bajos. En cambio, la aplicación de algunas bases de maquillaje o de desodorante todos los días, o casi todos los días, representa un verdadero problema porque se consideran productos peligrosos. Sin embargo, existen soluciones naturales para remediar esto, en particular para las manchas del embarazo (el llamado *paño*).

# ¿POR QUÉ TANTAS SUSTANCIAS QUÍMICAS?

## Las sustancias y sus funciones

| Sustancias y sus funciones | Productos adicionales posibles |
|---|---|
| Agua: *aqua* (como se menciona en ocasiones en las etiquetas), hace que el producto sea más fluido. | Conservadores (sigla E2): evitan que se desarrollen diferentes microorganismos. |
| Aceites, cuerpos grasos naturales o sintéticos: componentes para proteger la piel. | Emulsificantes:* garantizan la estabilización de la mezcla de grasa corporal y de agua. También se conocen como *tensoactivos*. |
| Principios activos: supuestamente tienen una acción benéfica en la piel o en sus diferentes componentes (como el cabello o las uñas). | |
| Perfumes o colonias: cada vez son más sintéticos. Se usan para garantizar un olor "agradable". | Ftalatos.* |
| Colorantes: también sintéticos en la mayor parte de los productos convencionales. Se usan para mejorar el acabado del producto. | Solventes.* |

## Componentes añadidos

Entre las principales preocupaciones toxicológicas relacionadas con los componentes de los productos de higiene y de belleza se incluyen conservadores, emulsificantes*, aceites minerales, perfumes o colonias y colorantes.

### Conservadores

No son todos anodinos; distan mucho de serlo. Algunos francamente preocupan, porque como cancerígenos y mutágenos* modifican el metabolismo o constituyen fuentes de diversos trastornos, como las alergias. El uso de biocidas puede, asimismo, producir resistencia a algunas bacterias. Las restricciones de uso se han descrito adecuadamente para los cancerígenos, mutágenos* y reprotóxicos (CMR*) más temibles: las CMR clase 1, con riesgo comprobado en humanos y animales, y las CMR 2, con riesgo comprobado en animales y con sospechas de peligro en humanos. Sin embargo, los productos clasificados como CMR 3 (y algunos CMR 2) con riesgo posible en humanos ¡continúan gozando de autorización para venderse! No obstante, puedes identificarlos en el paquete, puesto que su presentación debe estar acompañada de la siguiente advertencia: "Posible riesgo de alteración de la fertilidad, posible riesgo para el bebé durante el embarazo". De ahí la necesidad imperiosa de leer con atención siempre las etiquetas.

Entre los más preocupantes se encuentran:

- *Los parabenos\* autorizados y los perturbadores endócrinos.\** Teniendo en cuenta su reputación, cada vez es más común que se los sustituyan por otras sustancias, particularmente el MIT (metilisotiazolinona) o sustancias similares como la benzisotiazolinona. Por desgracia, su uso ha revelado que ambas son particularmente alergénicas.
  *Etiqueta:* su presencia se menciona con su número de código (E214 a E127) o por el sufijo *-parabeno*, como en etilparabeno. Se considera que el propilparabeno es del que más hay que desconfiar. Cuidado también con el butilparabeno. (Estos dos últimos están prohibidos en Dinamarca).
- *El ácido etilendiaminotetraacético o* EDTA\* se torna rápidamente tóxico en función de las dosis, y todavía se usa ampliamente.
  *Etiqueta:* su presencia está indicada por el sufijo EDTA.
- *El triclosán* es un producto que había generado grandes esperanzas y que parecía ser la panacea como biocida para combatir microorganismos indeseables. Se utilizó ampliamente en gran cantidad de productos en el transcurso de la década

de los ochenta y, después durante algunas décadas, antes de que se comprobaran sus efectos potencialmente peligrosos, en particular como perturbador endócrino. Actúa negativamente en la tiroides y en los senos por sus efectos estrogénicos. Aunque cada vez se utiliza menos, no está prohibido. Presta atención y evítalo.

*Etiqueta:* su presencia se menciona por el término *triclosán*.

- El alcohol es un antiguo conservador cuyo empleo incluso está autorizado por los sellos de certificación\* orgánicos. No se encuentra en estado bruto, sino en forma desnaturalizada, y su transformación puede requerir el uso de ftalatos\*, sin que se mencione. No todos los ftalatos deben considerarse de la misma manera, puesto que los nocivos están prohibidos, salvo si se encuentran en trazas, cuando el proceso tecnológico no puede evitarlo.

*Etiqueta:* su presencia se menciona, pero no siempre con la claridad con que se debería. El término *alcohol* solo o asociado a otra palabra indica su existencia en el producto, aunque en ocasiones únicamente se pone el sufijo *–ol*.

Para el fenoxietanol, véase *infra*.

## Los emulsificantes

Garantizan la homogeneización entre dos productos no miscibles: el agua y los aceites. Son espumantes, que es lo que se busca, pero son sobre todo irritantes, porque son detergentes, asimismo, potencialmente alergénicos. Entre ellos se encuentra el sulfato lauril sódico, o SDS; el sulfato lauril amónico, o CALS. Hay varios productos orgánicos que contienen emulsificantes mucho menos agresivos, como los extraídos de las plantas.

*Etiqueta:* la presencia de emulsificantes se menciona, la mayoría de las veces, por las siglas del producto (SLS, CALS).

Por todo lo anterior, las embarazadas deben usar toda esta categoría de productos con mucha prudencia, puesto que muchos de los cuerpos grasos presentes suelen ser aceites de los llamados *minerales,* con sus riesgos inherentes. Lo ideal, de manera general, es elegir productos sin emulsificantes; es decir, solo con contenido graso para hidratar la piel. El principio es poner una capa de aceite en la piel, para evitar la evaporación del agua, y reducir así su resequedad.

## Aceites minerales

Son productos derivados directamente de la industria petroquímica. Su precio poco elevado aumenta el margen de ganancia del fabricante, por eso se utilizan mucho. ¡Pueden ocluir los poros de la piel y favorecer los barros y otras imperfecciones! No son anodinos, ya que suelen ocultar HAP* (hidrocarburos aromáticos policíclicos), de los cuales algunos son cancerígenos.

*Etiqueta:* petrolato, parafina, aceite mineral, ozo, cera ceresina y cera microcristalina.

## Los perfumes o las colonias

Por desgracia, casi todos son sintéticos y de estos se sospecha que propician ampliamente las reacciones alérgicas (los productos naturales también son responsables de este tipo de reacciones, pero en menor grado). Los almizcles policíclicos sintéticos (tonalida, galaxolida, entre otros) han sido autorizados, pero también se consideran perturbadores endócrinos,* mientras que los almizcles nitrados (como el xileno y la cetona) se han dejado de usar, o casi, gracias a una normatividad restrictiva.

*Etiqueta:* perfume, incluso cuando diga que es "natural" (¡es necesario desconfiar porque puede tratarse de mezclas de productos naturales y sintéticos!). No te estamos facilitando la tarea...

## Colorantes

Por lo general son sintéticos, en el caso de los productos convencionales. De algunos de ellos se sospecha que son la causa de muchos males, puesto que, además de las alergias, existen dudas sobre su potencial cancerígeno y reprotóxico.* Pueden, asimismo, constituir nanopartículas sospechosas.

*Etiqueta*: colorante.

### Evita las trampas de las etiquetas

Si bien la etiqueta debe mencionar la concentración de los diferentes componentes en orden decreciente, cuando el valor se encuentra debajo de 1%, los productos pueden aparecer en cualquier parte de la lista, incluso en negritas, antes que todos los demás, ¡aun cuando la cifra sea solo 0.01%! Así, algunos productos vegetales se ponen en la etiqueta, de manera espectacular, únicamente con la finalidad de llamar la atención en relación con el aspecto "natural", mientras que el producto que tienes entre tus manos es en realidad una auténtica mezcla química.

Por otra parte, no te ilusiones con los principios activos de algunos productos de belleza, promocionados por campañas importantes de publicidad. Efectivamente, la concentración de estos productos por lo general es particularmente menor y las "pruebas" de sus efectos anunciados (antiarrugas, por ejemplo) son poco comprobables desde el punto de vista científico.

Debes desconfiar en especial de la inmensa mayoría de los cosméticos convencionales, ya que pueden contener diferentes aditivos en forma de nanopartículas, sin que esto se mencione claramente, aun cuando la normatividad ha evolucionado en el sentido de ser más transparentes respecto a la información proporcionada. Es lamentable constatar que la normatividad poco o nada se respeta, dado que un producto a base de nanopartículas tiene la característica de poder penetrar muy profundamente y llegar a las células fetales. Los efectos en la salud son poco conocidos, pero existen dudas alarmantes. Este es un argumento más para optar por cosméticos orgánicos que no contienen productos a base de nanopartículas o conservadores dudosos. No te dejes engañar por el término *hipoalergénico*. No es un sello de certificación y no tiene ningún valor científico, puesto que únicamente indica que el fabricante no ha utilizado un número determinado de alérgenos conocidos, lo que en la actualidad es lo más usual. Sin embargo, otros muchos productos alergénicos pueden estar presentes.

Respecto a los precios, la revista *60 Millions de consommateurs* señalaba, en octubre de 2015, que "Muchos piensan que al comprar productos más costosos evitarán compuestos dañinos. Pero esto no es siempre es el caso. Y, contrariamente a una idea difundida, el hecho de comprar productos en farmacia no aporta más garantías". Y concluía: "Pagar mucho dinero tampoco es garantía".

## LAS MEJORES OPCIONES

## Para los cuidados de la higiene corporal

### Elegir mejor la pasta de dientes

Tú utilizas un dentífrico todos los días, con toda razón, para cuidar tus dientes, los cuales aseguran el inicio de la digestión a través del proceso de masticación. El esmalte debe protegerse, pero una cantidad considerable de las sustancias que contiene la pasta de dientes pasa rápidamente a la sangre por el simple contacto con la mucosa gingival. Como todas las pastas de dientes contienen agua, en ellas hay conservadores, aun si se trata de un producto orgánico. Por otra parte, varios elementos —que destacan por la publicidad de las marcas— supuestamente hacen la diferencia entre los productos de base: prometen dientes más blancos, protección "total", refuerzo de las defensas inmunitarias contra la placa dental, etc. Evita caer en estas trampas de la mercadotecnia; el nivel de pruebas científicas suele ser muy bajo. En cuanto al flúor, en otros tiempos gozó de popularidad para reforzar la estructura de los huesos, pero el exceso de absorción de este elemento puede causar fluorosis dental, que es cuando el esmalte de los dientes se mancha de placas opacas antiestéticas. Esto solo puede comprobarse en las tomas orales de complementos a base flúor que, en exceso, limitan la absorción de calcio a nivel de los brotes dentales del feto. En otras palabras, no es la pasta de dientes a base de flúor lo que puede originar la fluorosis: su papel se limita a impedir la formación de la placa dental y a reducir de este modo el riesgo de caries.

Ten cuidado con los aromas sintéticos y todos los productos que supuestamente garantizan un aliento más fresco, ya que multiplican la presencia de compuestos químicos, estén asociados o no con productos "naturales".

Elige dentífricos en cuyas etiquetas se observe el menor número de compuestos químicos, aun cuando no se consideren todas las sustancias de la misma manera. Los productos orgánicos ofrecen una serie de garantías, si bien algunos productos orgánicos pueden, por desgracia, contener productos químicos, como sulfato de lauril sódico.

*Entre las marcas:* opta por marcas orgánicas, de preferencia las que contengan flúor (que no son muchas, pues el consumidor de productos orgánicos supuestamente se alimenta de modo balanceado). De no ser así, busca las marcas Melvita®, Lavera®, por ejemplo. Las pastas de dientes orgánicas certificadas Cosmébio y Nature et Progrès contienen 95% de sustancias orgánicas. En términos convencionales, el Parodontax®,[1] fabricado esencialmente a base de plantas y de sales marinas, parece completamente aceptable. Presenta además la ventaja, sobre todo durante el transcurso del tercer trimestre de embarazo, de limitar el riesgo de hemorragia gingival. Para tu pequeño, puedes optar por un dentífrico "especial para niños", hasta la edad de 6 años.

---

[1]   También disponible en México. Las consumidoras mexicanas pueden optar por la marca Manantial de las Flores® [N. de E.].

*Alternativa 100% natural:* cepíllate los diente con pulpa de limón o bicarbonato\* orgánico, en lugar de pasta de dientes.

## Elige mejor tu jabón

Por extraño que parezca, es complicado encontrar un jabón adecuado, y no solo para las embarazadas. Por lo general, los jabones son muy agresivos, en particular para la piel de la cara. Se fabrican a base de aceite y sosa, lo que da por resultado un "jabón" y una glicerina. Cuando se saponifican en frío, se obtiene un producto que conserva la glicerina, pero este procedimiento lento no puede realizarse a escala industrial por razones técnicas y de rentabilidad. Los jabones, por consiguiente, están desprovistos de glicerina (que se reutiliza para otros usos lucrativos). El problema es que, sin glicerina, no se trata de un producto suave sino, por el contrario, de uno sumamente corrosivo que altera la fina película, que se conoce como *hidrolipídica* y que protege naturalmente la piel. Asimismo, modifica su acidez y rompe de esta forma un equilibrio sutil, dando lugar a la posible aparición de irritaciones o de imperfecciones cutáneas. Entonces se te propondrá corregir estos problemas mediante diferentes cremas y otros productos cosméticos, los cuales, sin embargo, tienen concentraciones de productos químicos que pueden ocasionar efectos indeseables. ¡Es el cuento de nunca acabar! Adicionalmente se añaden perfumes, que suelen ser sintéticos; colorantes, también sintéticos; al igual que diferentes tipos de conservadores. Cabe decir que la composición de sustancias que se utilizan para fabricar jabones no se indica de manera detallada en la etiqueta, a diferencia de lo que sucede con otros productos cosméticos.

Recientemente aparecieron en el mercado jabones *reglicerinados* que, de hecho, son jabones a los que se extrajo la glicerina y a los que después se les agregó nuevamente. Esto puede parecer paradójico, pero es más rápido proceder así desde el punto de vista industrial. Estos jabones reglicerinados pueden contener diferentes compuestos químicos. Sin embargo, son más suaves que los jabones clásicos a los que se les ha extraído la glicerina.

Existen, y los dermatólogos los recetan con frecuencia, *jabones sin jabón* o *jabones dermatológicos*, que no son más que un tipo de detergente de origen petroquímico.

Idealmente sería bueno que eligieras jabones saponificados en frío, los cuales no pueden ser más que artesanales (sin embargo, no necesariamente todos los jabones artesanales se fabrican de este modo, pues *artesanal* no es una marca ni obligadamente un artículo de calidad). Añadir un aceite vegetal virgen para hacerlo supergraso "suaviza" la piel. Los jabones supergrasos elaborados, por ejemplo, con manteca de karité o de aceite de argán son interesantes, así como los jabones glicerinados (es decir, los reglicerinados) pero es importante leer bien las etiquetas y no elegir a los que se han añadido compuestos indeseables.

Los jabones líquidos deben utilizarse esencialmente para las manos, siempre que contengan ingredientes similares a los de los jabones sólidos.

*Marcas:* todos los jabones supergrasos, saponificados en frío o, en su defecto, todos los jabones orgánicos sólidos o líquidos supergrasos, son preferibles. Podemos mencionar el Melvita® extrarrico (manteca de karité) y el Gravier® orgánico de aceite de argán. En el caso de jabones líquidos, el Alep bio Karawan.[2]

*Alternativa 100% natural:* existen plantas jabonosas, como la saponaria, por ejemplo, sin embargo, su uso en realidad es anecdótico.

## Elige mejor tu champú

Puedes continuar utilizando tu champú habitual, ya que hay poco riesgo de que tenga un efecto negativo en tu salud, aun cuando algunos

---

[2]   En México, las consumidoras pueden encontrar jabones artesanales, libres de fosfatos sintéticos y de colorantes, en mercados de productos locales y tiendas de productos orgánicos.

pueden ser más agresivos que otros y aun cuando 24% contiene per-turbadores endócrinos* (pero la duración del contacto es fugaz). Por lo general, hay que evitar lavar el cabello con demasiada frecuencia (es decir, no diariamente, sino una a dos veces por semana) para no eliminar en exceso el sebo del cuero cabelludo, que también sirve de protección natural para el cabello. Sin embargo, en este período en el que estás reflexionando sobre el uso de los diferentes produc-tos para el cuidado del cuerpo y cosméticos, puedes aprovechar para elegir los mejores champús. Hay muchos que contienen silicona,* que puede asemejarse al plástico (polímeros sintéticos), glicol de po-lietileno (PEG) y antiestáticos, los que, en conjunto, mejoran la flexi-bilidad del cabello. No obstante, las siliconas no son biodegradables y se acumulan sobre el planeta, incrementando la contaminación. En cuanto a los sulfatos, presentes con frecuencia, brindan un efec-to espumante, pero pueden ser irritantes para el cuero cabelludo y terminar por dañar la estructura misma del cabello.

Elige los champús más naturales posibles y suaves, ¡que no nece-sariamente son los que producen más espuma! Evita los fabricados a base de siliconas (cuya presencia aparece en la etiqueta con el sufijo –*cón*, o su derivado, el siloxano) y de sulfatos.

*Marcas:* Logona®, Equiderma® shampooing doux, Cosmigea® bio (para todo tipo de cabello), Melvita® bio, Lavera®, Weleda®, etc.[3]

*Alternativa 100% natural:* diluye arcilla blanca en un poco de agua caliente y añade algunas gotas de aceite esencial, como el ylang-ylang. La arcilla verde también puede ser útil en caso de cabello graso.

## Otros productos de higiene utilizables, pero no necesariamente todos los días

Los geles y las leches para limpiar el rostro pueden eliminar las im-purezas de la piel. Por lo general se utilizan como desmaquillantes,

---

[3]   La marca Logona® también está disponible en México. Otras líneas que te su-gerimos revisar son Aloe Vida®, Rahua®, Manantial de las Flores® [N. de E.].

pero, en esta etapa de tu vida, el maquillaje de la piel debe ser la excepción y no la regla. Entre los productos que puedes usar, se encuentran Dermatherm® bio, Purclear® gel, Cattier® lait bio.[4] También puedes utilizar las aguas florales de aciano y de rosa.

### Productos de higiene que no necesitas usar durante el embarazo

Los geles para la ducha pueden contener diferentes perturbadores endócrinos,* como el propilparabeno y la benzofena 4. Si no te encuentras en casa, o cuando estés cerca de dar a luz, utiliza gel de ducha líquido orgánico, como el Sanex® (logotipo: EU Ecolabel). El resto del tiempo, evita usarlo y opta por un jabón supergraso o con glicerina. Muchos productos que se jactan de ser "naturales" no lo son en realidad y en ningún caso se trata de un sello de certificación.* Una vez más, ¡presta atención! Pero, si insistes, compra en tiendas naturistas los productos Bioderma®, Melvita® extrasuave y Equiderma®.[5]

Los productos hidratantes para el cuerpo (aceites, leches, atomizadores) no son indispensables durante el embarazo (los jabones supergrasos son suficientes). Si bien no es necesario considerar todos de la misma manera, en ocasiones podemos encontrarnos con sorpresas en relación con los ingredientes que contienen.

## Productos de belleza que no son para la higiene corporal

Estos no son productos indispensables. Sin embargo, si lo deseas, puedes utilizarlos, muy ocasionalmente, eligiendo los más adecuados.

---

[4]  Logona®, disponible en México, también cuenta con productos desmaquillantes. También puedes revisar el desmaquillante de aguacate de la marca Xamania® [N. de E.].

[5]  Para el caso de México, puedes revisar el Gel de Ducha Daily Care Aloe y Verbena de Logona® [N. de E.].

| Tipo | Productos | Observaciones y aspectos toxicológicos | Productos y marcas que pueden utilizarse ocasionalmente (la lista no es exhaustiva) |
|---|---|---|---|
| Maquillaje | Base de maquillaje, crema para el rostro | 71% contiene perturbadores endócrinos.* | • Utiliza en primer lugar polvo de arroz orgánico en caso del paño que se presenta en el embarazo y, con el tiempo, en caso de acné; los tratamientos con arcilla roja pueden ser útiles. |
| | Rímel | Poca superficie cubierta, pero algunos pueden contener irritantes y ser alérgicos. Algunos contienen también níquel. Cuidado con el kohl de la India y del Medio Oriente, ya que puede contener hasta 80% de plomo. | Si no, usa So'Bio étic®, Logona® <br> • Avène® (rímel de alta tolerancia) Couleur caramel®, (rímel negro que aumenta el volumen). |
| | Lápiz labial | 40% contiene perturbadores endócrinos. | • Avril® (lápiz labial con certificación orgánica). |
| Perfume, colonia | | Posible presencia de alcohol y de ftalatos,* entre otros. No los utilices, más que excepcionalmente. <br> Los almizcles sintéticos policíclicos (tonalide, galaxolide, etc.) están autorizados, pero también se consideran perturbadores endócrinos. | • Productos únicamente naturales (si bien pueden ocurrir reacciones alérgicas). <br> • Colonias florales orgánicas. |

| Tipo | Productos | Observaciones y aspectos toxicológicos | Productos y marcas que pueden utilizarse ocasionalmente (la lista no es exhaustiva) |
|---|---|---|---|
| Desodorante y antitranspirante | | Las sales de aluminio son frecuentes (aparecen en la etiqueta como clorhidrato de aluminio). Pueden producir lesiones cutáneas (eczema), y existen dudas respecto a su implicación en el cáncer de seno. No los utilices en este periodo de tu vida. | • Utiliza sencillamente un jabón adecuado.<br>• Piedra de alumbre (aunque algunas no son "verdaderas").<br>• En las etiquetas, en los naturales, se leerá "alumbre de potasio", y en los sintéticos, "alumbre de amonio".<br>• Por último, pero muy ocasionalmente, bio by Nuxe®, sales de aluminio Sanex® 0% (las composiciones pueden ser mejorables) y las que llevan la certificación de Cosmébio.[6] |
| Tinte para cabello, lacas | | P-fenilendiamina, derivados amoníacos, resorcinol, etc. La lista de productos presentes es larga, y los efectos de los tintes en las embarazadas han sido particularmente mal estudiados. No utilices tintas ni lacas ni otros atomizadores para fijar el cabello. | • Productos naturales como Couleurs Gaïa®, si es necesario.[7] |

[6] En México, en los mercados de productos locales y en tiendas orgánicas se ofrecen desodorantes sin aluminio, sin alcohol, sin siliconas y sin parabenos [N. de E.].

[7] También puedes considerar los tintes de Logona®, que no contienen peróxido, amoníaco, fenilendiaminas ni parabenos [N. de E.].

| Tipo | Productos | Observaciones y aspectos toxicológicos | Productos y marcas que pueden utilizarse ocasionalmente (la lista no es exhaustiva) |
|---|---|---|---|
| Esmalte de uñas | | Son los cosméticos que contienen la mayor cantidad de perturbadores endócrinos* (74%), y con frecuencia ftalatos* y tolueno, entre otras. | Ocasionalmente, So'Bio étic®, Logona®.[8] |
| Protector solar | | Los filtros solares pueden contener oxibenzona y metilbenciliden, entre otros, así como colorantes y diversos aditivos, en ocasiones como nanopartículas.<br><br>Las embarazadas no deben usarlos debido a las dificultades para encontrar un buen producto. | Protegerse del sol sencillamente con sombrero y ropa amplia que cubra lo más posible. Además, claro está, limitar la exposición al sol, sobre todo en las horas de mayor calor. |
| Cremas antiestrías | Aceites | Preferir los aceites vegetales puros, sobre todo los orgánicos, pero no los aceites minerales, derivados del petróleo. | Aceite de masajes o para las estrías Weleda®, Mustela® o Elancyl®.[9] Puedes utilizarlos durante todo el embarazo. |

[8] La empresa mexicana Kuru® comercializa una línea de esmaltes eco que puede resultar de tu interés. Sus productos están libres de tolueno, formaldehído, ftalatos y alcanfor. Tampoco contienen gluten, parabenos o plomo [N. de E.].

[9] Las consumidoras mexicanas tienen a su disposición la crema antiestrías Aleva Naturals®, hecha de ingredientes naturales [N. de E.].

En caso de irritación de la piel, utiliza crema de propóleos orgánica o manteca de karité. Ante la menor duda, consulta a tu médico.

Logotipos de cosméticos que hay que recordar

| Logotipo | Principales sellos de certificación* | Características |
|---|---|---|
| | Cosmebio Bio, Cosmétique Bio Charte Cosmébio | Cosméticos ecológicos y biológicos con 95% de ingredientes vegetales provenientes de la agricultura orgánica. No utilizan organismos genéticamente modificados (OGM) ni nanopartículas. |
| | Ecocert Cosmétique Biologique | Similar al sello anterior, sin OGM ni nanopartículas; 95% de los ingredientes proviene de vegetales orgánicos. Ecocert es, asimismo, un organismo de control de calidad. |
| | EU Ecolabel, Ecolabel Europeo | Limita el uso de sustancias peligrosas, tiene mejor biodegradación y reducción de los riesgos de la contaminación. |
| | Nature et Progrès | Similar a los sellos Cosmétique Bio y Eco Cosmétique Biologique. Optimización de residuos y utilización económica de los recursos de producción. |

| Logotipo | Principales sellos de certificación* | Características |
|---|---|---|
| | NaTrue | Sello de certificación presente en Europa que garantiza que los productos son naturales y que provienen de la agricultura orgánica, total o parcialmente. |
| | Cosmebio Eco | 50% de los ingredientes vegetales provienen de la agricultura orgánica. No utilizan ogm ni nanopartículas. Respeto a las especies en peligro. |
| **BIO PARTENAIRE** | Bio Partenaire (bio solidario, bio igualitario) | Además del pliego de condiciones orgánicas, preocupación por comercio equitativo, garantizando precios más adecuados para los productos. |
| | BDIH | Cosméticos naturales sin que sean orgánicos, 95% de ingredientes proviene de vegetales. No utilizan ogm, reglamentación de los procedimientos provenientes de productos derivados de la petroquímica. |

# Para los primeros meses de la vida del bebé

## Productos de higiene corporal y cosméticos

Los bebés no necesitan productos cosméticos y mucho menos productos perfumados. Debes resistirte a la mercadotecnia sutil, pero insistente, de los fabricantes que proponen el uso de diferentes tipos de cremas y lociones, y que mencionan características sin ningún valor reglamentado o científico, como "compañero de la maternidad", "fórmula bajo control médico", o "sin XXX" (por ejemplo, "sin ciertos productos, como parabenos",* pero con otros compuestos químicos que tal vez sean poco recomendables). Prometen productos que "protegen la piel del bebé", haciendo énfasis en su delicadeza, pero precisamente porque la piel del bebé es delicada debes ser en extremo prudente, debido a que la piel del bebé es permeable a los productos químicos.

Si bien puedes utilizar un agua limpiadora orgánica —por ejemplo, de la marca Dermatherm® o Coslys®— el agua de la llave o agua mineral de botella es suficiente.

En los niños, el agua es suficiente para la piel y el cabello. Para el cambio de pañal, el linimento óleo calcáreo, a base de aceite de oliva e hidróxido de calcio (comúnmente conocida como *agua de cal*) orgánico permite limpiar los glúteos del bebé, y se tolera perfectamente bien. Todas las marcas son válidas, mientras no tengan añadidos otros aceites vegetales, como el de almendras dulces (alergénico para algunos bebés) ni perfumes.

Después, cuando el niño crece, "un jabón líquido o gel limpiador orgánico para el aseo general del cuerpo y del cabello a la hora del baño es virtualmente el único producto indispensable", de acuerdo con indicaciones del pediatra Dominique Le Houzec. El jabón con glicerina supergraso y orgánico sirve para el mismo propósito. Los champús, las leches hidratantes y las pomadas son inútiles. En caso de enrojecimiento o de irritaciones en el trasero del bebé, pueden aplicarse productos a base de óxido de zinc, según lo que aconseje el médico. La moda de poner talco al bebé al cambiar el pañal ya pasó, debido a que puede incrementar las irritaciones y favorecer las infecciones secundarias.

No se recomienda el uso de toallitas húmedas. Pese a que el fenoxietanol ha dejado de utilizarse después de que la Agencia Nacional de Seguridad de Medicamentos y Productos de la Salud (ANSM) de Francia emitió su opinión, aunque tardíamente, en 2012, a causa de dudas sobre su inocuidad en función del grado de su uso, las toallitas todavía pueden contener diferentes conservadores y perfumes sintéticos.

## Los pañales para bebé

Durante siglos se utilizaron pañales de tela. A mediados del siglo xx, los calzones de plástico hicieron su aparición, lo cual permitía garantizar mejor impermeabilidad. Hacia los años sesenta, la nueva revolución con los primeros pañales desechables tuvo un éxito comercial fulminante, gracias a su facilidad de uso y a la ganancia de tiempo que ofrecían. Sin embargo, a un ritmo de cinco a seis pañales al día, hasta la edad en que el niño aprende a controlar sus esfínteres (cerca de los 2 años), se utilizan unos 4 500 cambios completos de pañal. Asimismo, es necesario que los escojas bien, más aún cuando la variedad de productos disponibles se ha incrementado y cuando no todas las marcas valen la pena.

Nuestros consejos se basan en las afirmaciones del pediatra Dominique Le Houezec, quien recomienda no usar pañales a los que se han añadido lociones, perfumes o colorantes, y no caer en la trampa con términos como *hipoalergénico*, que no tienen ningún valor científico. Lo ideal es dar preferencia a los pañales desechables que son *ecológicos*, los cuales contienen al menos 70% de materiales naturales con celulosa vegetal, para la absorción, y menos poliacrilatos que los pañales tradicionales. La cubierta exterior es de *bioplástico*; es decir, de almidón vegetal. Si tienes poco tiempo y eres muy organizada, puedes utilizar los nuevos pañales lavables: su interior es absorbente (generalmente fabricado con algodón y bambú) y cuentan con un revestimiento externo impermeabilizante (de poliéster) para asegurar la impermeabilidad.

De los pañales desechables, te recomendamos, por ejemplo, los de la marca Naty®, que están elaborados al 60% con materiales naturales renovables (almidón de maíz, sin OGM) y celulosa de madera, con 0% de cloro) y los de la marca Moltex®, que son pañales desechables del sello Nature) y que no contienen perfume.[10]

[10] En México, te sugerimos revisar los productos Bambus®, pañales hechos de fibra de bambú, libres de cloro y factores cancerígenos y 100% biodegradables [N de E.].

# El botiquín

Durante el embarazo y la lactancia, es indispensable ser muy prudente en el consumo de medicamentos. Las cifras indican que 99% de las embarazadas toma al menos un medicamento, y se ha mostrado en estudios realizados en Francia que, durante este período, el promedio es de seis a 14 medicamentos.[11] Sin embargo, como el impacto en el feto no se ha estudiado a fondo, conviene que estés muy atenta.

## Los peligros de algunos medicamentos

Algunos medicamentos pueden parecer inofensivos, como el paracetamol, el analgésico más consumido en Francia. Sin embargo, puede resultar dañino durante el embarazo, como lo han mostrado estudios recientes, en particular el de Ron T. Mitchell de la Universidad de Edimburgo (Escocia), que apareció en mayo de 2015 en la revista *Science Translational Medicine*, en el cual advierte que el uso excesivo de paracetamol como analgésico puede reducir la producción de testosterona, con riesgo de esterilidad en los varones, y que incluso puede favorecer el desarrollo de cáncer en los testículos. La recomendación consensual es sencilla para las embarazadas: "Tomar la dosis mínima durante el período más breve posible". Muchos medicamentos como la isotretinoína y la acitretina, entre otros, tienen efectos que se conocen como *teratógenos* identificados; es decir, efectos que pueden ocasionar malformaciones. Tu médico tiene toda la información necesaria para prevenirte. Existen también medicamentos que pueden tener efectos nocivos durante el tercer trimestre de embarazo, en particular la aspirina y los antiinflamatorios no esteroideos (AINS), que no debes ingerir en las últimas cuatro semanas de gestación.

---

[11] Source Inpes / Assurance Maladie, *Grossesse et accueil de l'enfant*, 2010. E. Autret-Leca, H. Cissoko, L. Bensouda-Grimaldi, A.-P. Jonville-Béra, "Évaluation du risque médicamenteux chez la femme en âge de procréer", *Revue du Praticien Gynécologie-Obstétrique*, núm. 128, 2008, pp. 11-16.

En realidad, muchos de los medicamentos no han sido estudiados en el caso de las embarazadas, sencillamente porque hacerlo resultaría largo y costoso para los fabricantes, que no ven en ello más que un pequeño mercado y riesgos de pleitos si los efectos negativos no quedan claramente identificados y se mencionan con el mayor detalle posible. Por ello es mucho más sencillo indicar en el prospecto que el medicamento no ha sido probado en embarazadas. Esto limita las posibilidades de que el médico los recete pero, sobre todo, hace que sea particularmente peligroso automedicarse, aun en el caso de los que se adquieren sin receta médica.

Debes ser muy consciente de que tomar medicamentos puede exponer al embrión a peligros. Por eso insistimos en que seas extremadamente prudente y no tomes ningún tratamiento alópata (incluso los que son a base de plantas) sin consultar a tu médico o a tu partera, quienes podrán verificar la información más actualizada.

Vayamos incluso más lejos: desde la concepción, las células del embrión pueden ser alteradas por medicamentos, durante las semanas en las que es posible que la mujer ignore que está embarazada. Por ello la regla debe ser, en última instancia, no tomar ningún medicamento sin consultar al médico ¡durante todo el período de procreación!

## ¿Cuándo hay que tomar medicamentos?

Los medicamentos no se justifican más que en dos situaciones muy precisas:

- En caso de enfermedad crónica; es decir, cuando se ha establecido un tratamiento a largo plazo (para diabetes y algunos problemas neurológicos, entre otros). Sin embargo, también existen situaciones en las que pueden reducirse las dosis, sobre todo en caso de asma y de diversas manifestaciones alérgicas, ya que el aumento de la secreción de cortisol, que se relaciona con el embarazo, va a tener un efecto positivo.

- Cuando se ha realizado un diagnóstico preciso y cuando las medicinas resultan ser absolutamente indispensables; por ejemplo, en el caso de infecciones de las vías urinarias, según el microorganismo presente, y para evitar que la situación evolucione y agrave la infección, lo que podría afectar los riñones (pielonefritis).

## Para las pequeñas molestias cotidianas

- El jengibre fresco rallado en los alimentos puede reducir las náuseas, que afectan hasta a 80% de las embarazadas, sobre todo al inicio del primer trimestre. Y, debido a que estas molestias aumentan a causa de la ansiedad, también es importante que te relajes mediante métodos suaves, como la caminata, el yoga o la acupuntura, e incluso la hipnosis. En caso de vómitos, debes tener cuidado de no deshidratarte, porque las pérdidas de agua y minerales pueden ser importantes. Siempre deberás contar con un diagnóstico preciso, puesto que puede haber diversas causas que se añadan a las náuseas comunes, como sucede en el caso de la mola hidatidiforme (anomalía rara de degeneración de las vellosidades de la placenta), las oclusiones intestinales, la gastroenteritis e incluso las infecciones urinarias.
- Para el estreñimiento, prefiere alimentos que contengan una cantidad suficiente de fibras, como frutas y verduras frescas, cereales integrales y leguminosas (algunas de ellas tienen un efecto más laxante que otras, como el kiwi y el melón, entre otras). Elige beber agua rica en magnesio.
- Para problemas digestivos, particularmente los que se acompañan de cólicos, que por lo general son de origen nervioso, la planta suprema es el toronjil, que puede tomarse en tisana.
- Para el desagradable reflujo gástrico (pirosis o acidez estomacal), utiliza métodos sencillos: no bebas demasiado antes de acostarte, haz comidas pequeñas, evita las bebidas gaseosas y

consumir gran cantidad de grasas, lo cual hace más lento el "vaciado" gástrico. También puedes hacer las pequeñas comidas mediante colaciones un poco más sustanciosas.

- Para los dolores de articulación, en particular los de la espalda (lumbalgia), que pueden relacionarse con cambios en el equilibrio postural, los masajes y algunos movimientos, bajo la dirección de un fisioterapeuta, por lo general sirven de alivio de modo mucho más eficaz y duradero que los medicamentos. Las parteras pueden ayudarte con recomendaciones para prevenir este tipo de molestias.

- Para los calambres, la mayoría de las veces es suficiente seguir una alimentación un poco más rica en magnesio, con verduras y frutos secos. El médico eventualmente puede recetarte un complemento de magnesio.

- Para problemas de sueño, que se presentan sobre todo a finales del último trimestre, debido al cambio en la estructura del sueño y a las transformaciones fisiológicas, beber simplemente una tisana a base de espino blanco puede reducir estos problemas. Otros métodos, como la sofrología o el yoga, también brindan buenos resultados.

## Elección de productos para la limpieza del baño

(Véase el capítulo "Cuarto de lavado").

# Sala y comedor

Productos de uso doméstico, el piso; desodorantes y aromatizantes ambientales; repelentes contra bichos

# En la sala

1. **Un trapo de microfibras:** Utilízalo en seco para recoger el polvo. Este método de limpieza es ideal, porque evita la proliferación de las sustancias sospechosas que contienen los atomizadores contra el polvo.

2. **Jabón de arcilla natural:** Este producto de origen natural se espolvorea sobre las manchas de grasa que se forman sobre las telas; es muy eficaz.

3. **Vinagre blanco para los vidrios:** Después de haber quitado el polvo acumulado al interior y al exterior de los vidrios, utiliza un trapo humedecido en vinagre blanco diluido para limpiarlos.

4. **Jabón para los pisos:** Para los pisos con loseta, utiliza de preferencia jabón negro de África o jabón de Marsella auténtico.

5. **Bicarbonato de sodio:** Para manchas en las alfombras, por ejemplo, espolvorea un poco de bicarbonato de sodio en seco y deja actuar durante 15 minutos. A continuación, aspira la alfombra.

6. **No uses inciensos:** Emiten grandes cantidades de compuestos volátiles sospechosos. El incienso tiene una gran cantidad de los productos sintéticos que pueden representar riesgos.

7. **Insecticidas y otros plaguicidas, biocidas domésticos, así como diversos repelentes:** Algunos contienen sustancias adversas para el desarrollo del bebé. Evítalos y adopta opciones para deshacerse de estos pequeños animales indeseables.

Un nuevo problema ha surgido en fechas recientes: la llamada *contaminación interior*. ¿Qué es? Se ha observado que el aire de las casas, de los lugares de trabajo o de las escuelas cada vez contiene más productos químicos de diversa índole, que provienen de productos de limpieza, de desodorantes, de la emisión de sustancias en los muebles nuevos, etc. Estos productos químicos existen en concentraciones mucho menores en el ambiente que se conoce como exterior, el cual, por su parte, puede ocultar hidrocarburos aromáticos policíclicos (o HAP,* que son resultado de la combustión del diesel, de la gasolina, etc.), así como partículas diversas y dioxinas, entre otros.

Este fenómeno que se localiza en el hábitat interior se ha acentuado en los últimos años a causa del mejor aislamiento térmico de las viviendas, con vistas a ahorrar energía. Aunque todo esto sea loable, no se ha tomado en cuenta las consecuencias en términos de salud. De acuerdo con el Instituto Nacional del Medioambiente Industrial y de Riesgos (Ineris), en Francia, 91% de los productos de limpieza contienen formaldehído* (formol), además de derivados del cloro y otras sustancias problemáticas, como amoníaco, éteres de glicol,* benzeno, tolueno, etc., que son irritantes importantes de las vías respiratorias, así como cancerígenos posibles en ciertas circunstancias, en particular en casos agudos de exposiciones profesionales.

En promedio, pasas un tiempo considerable (más del 75%) en espacios interiores; es decir, hogar, oficina, transportes públicos o el automóvil, los cuales también emiten un gran número de compuestos, sobre todo compuestos inflamables, como los polibromados,* entre otros. La situación ha llegado a tal nivel que se estima que los habitantes de los países occidentales no pasan más de una hora al día realmente al aire libre, aparte de sus días de asueto y vacaciones.

La inhalación de los numerosos compuestos presentes en el ambiente interior se ha vuelto, por consiguiente, especialmente preocupante para las embarazadas y los niños pequeños. Presta atención: la normatividad relacionada con el uso de varios productos no es lo suficientemente adecuada para tu situación. Aprende a protegerte de manera eficaz.

## LIMPIEZA DEL HOGAR CON PRODUCTOS ADECUADOS

La limpieza del ambiente interior no debe significar ausencia de microbios o de microorganismos. No vives en un medio esterilizado. Menos de 3% de las bacterias pueden representar problemas y no corres prácticamente ningún riesgo de encontrarlas en tu casa, salvo si trabajas en el entorno de un hospital y si no has tomado suficientes medidas de precaución y de higiene (las suelas de los zapatos son, por ejemplo, vectores de propagación de bacterias).

En cuanto a la búsqueda del "olor a limpio", ¡esto no es más que un sinsentido! Por una parte, lo limpio no tiene olor y, por otra, añadir o rociar un desodorante, o incluso utilizar productos de limpieza perfumados de manera artificial, o más o menos naturalmente, no equivale más que a introducir partículas químicas en tu hábitat interior, lo que no es aconsejable. No te dejes llevar por los adjetivos que la mercadotecnia utiliza en sus empaques, como "superpoderoso"; ni te dejes engañar por las propuestas del lugar de uso de los productos: "para la recámara", "para la cocina", "para el baño", etc. Son los mismos productos, pero la finalidad es hacer que gastes más. Sea como sea, la prioridad es ventilar amplia y diariamente, abriendo las ventanas de par en par por lo menos de 10 a 30 minutos, o cuidar que el sistema de aire acondicionado funcione bien, si tu hogar está equipado con este aparato.

Para el comedor, el principio fundamental es alejarse de todos los productos con fórmulas incomprensibles y concentradas de aditivos que emiten una gran cantidad de ingredientes volátiles que van a contaminar tu espacio interior y que van a reducir su biodegradabilidad. Prefiere la simplicidad; es decir, productos poco costosos que preservarán tu salud, la de los tuyos y la del planeta.

## Los productos de limpieza más adecuados[1]

| Productos naturales que se encuentran en tiendas naturistas, en grandes almacenes y en tiendas de materiales para reparaciones domésticas | Descripción | Uso | Marcas (lista no exhaustiva) |
|---|---|---|---|
| Trapo de microfibras | Poliamida y poliéster (¡qué sintético tan útil!). | Limpiador en seco para muebles; es muy eficaz; no los raya. | Todas son buenas, pero de preferencia usa marcas de los distribuidores, que son menos caras. En cambio, evita las toallitas humedecidas en compuestos químicos. |

[1] A las lectoras mexicanas les recomendamos revisar los productos de limpieza de las marcas Einsbledt® y Seventh Generation®, siempre tomando en cuenta las recomendaciones de los autores al revisar las etiquetas [N. de E.].

| Productos naturales que se encuentran en tiendas naturistas, en grandes almacenes y en tiendas de materiales para reparaciones domésticas | Descripción | Uso | Marcas (lista no exhaustiva) |
|---|---|---|---|
| Bicarbonato de sodio* | Se obtiene de la roca caliza y de la sal pedrés; dilúyelo en un poco de agua. | Desengrasante, antimoho, desoxidante y absorbente (sobre todo, olores). | Escoge los productos franceses[+] **Ecodoo®**, **La Droguerie Écologique®** (el menos caro), y **Biovie®**, entre otros[++] |
| Arcilla natural | Arcilla. Dilúyela en un poco de agua. | Desmanchadora en seco de alfombras, tapicería, sofás, sillones (sobre todo de manchas de grasa). | **La Droguerie Écologique®**, **Le Briochin®**, **Droguerie 100%** y **Basic®** entre otros. |
| Vinagre blanco* | Ácido acético y agua (proviene del betabel o del trigo; es muy diferente del vinagre de vino blanco). | Limpiador de vidrios y de suelos con azulejos; usarlo diluido. | Adquiérelo al 8%[+++], de preferencia del distribuidor por razones económicas, si no, de **La Droguerie Écologique®** y Biovie®. |
| Jabón negro de África y jabón auténtico de Marsella[2] | Material graso con potasa. | Esencialmente para los pisos. | Elige los más puros: **Le Briochin®** (para el jabón negro) y **Maître savon® de Marseille** (para el jabón).[++] |

[2] El jabón de Marsella tradicionalmente se ha recomendado para pieles sensibles, ya que no contiene derivados de petróleo ni grasas animales. Está elaborado a base de aceites vegetales, entre ellos el de oliva, y no contiene colorantes, ni fosfatos sintéticos. En México pueden encontrarse jabones con características similares, tanto en mercados de productores locales como en tiendas de productos orgánicos. Entre una gran variedad de marcas para uso corporal se encuentran Makady®, Botanicus®, Manantial de las Flores®, Oliva60®, así como jabones García® para la limpieza de la casa [N. de E.].

| Aceite esencial de limón amarillo | Extracto concentrado de limón amarillo. | Desodorante potente. Basta con usar algunas gotas (en exceso puede ser potencialmente irritante y posible alergénico). | Elegir los productos orgánicos; todas las marcas son recomendables. |
|---|---|---|---|

+ Cuando proviene de otros países, el bicarbonato* puede haberse extraído con compuestos petroquímicos, sin que esto se indique claramente.

+ + ¡Cuidado con los engaños! Algunas marcas anuncian la presencia de este producto, incluyendo su nombre en la etiqueta, pero los fabricantes pueden mezclarlo con otras sustancias químicas, que no son siempre recomendables. De este modo engañan al consumidor y no le hacen llegar un producto bruto y auténtico como podría dar a entender lo que dice el empaque. No obstante, como es obligatorio mencionar el carácter global de la composición del producto, lee bien (¡incluso con lupa!) lo que está escrito en letras pequeñas de 1.5 mm, a los lados de la caja.

+ + + El vinagre blanco diluido al 8% es más que suficiente. Los de 12% a 14% pueden ser muy corrosivos y delicados en su uso.

## Sellos de certificación recomendados

| Logotipo | Principales sellos de certificación* | Características |
|---|---|---|
| | EU Ecolabel, Ecolabel europeo | Productos que limitan la presencia de sustancias peligrosas para la salud humana y de sustancias nocivas para el medioambiente. |
| | Ecocert Ecodétergent, Ecoproduit | Lo mismo que el anterior, con prohibición de uso de materias vegetales y animales provenientes de especies en peligro de extinción. |

| Logotipo | Principales sellos de certificación* | Características |
|---|---|---|
| Nature et Progrès | | Productos que limitan la presencia de sustancias peligrosas para la salud y nocivas para el medioambiente. |
| NF Environnement | | Lo mismo que el anterior, y eficacia probada de los productos. |
| Nettoyage durable | | Productos que limitan la presencia de sustancias desfavorables para el ecosistema. |

Marcas: Arbre vert®, Rainett®, Ecover®, etc. Las diversas marcas de distribuidores muestran también estos sellos de certificación.*

Si por alguna razón no puedes encontrar más que productos convencionales, elige los que contengan menos sustancias detergentes, alergénicas y tóxicas (sin perfume, sin colorantes y sin conservadores). Un mismo fabricante puede tener productos que contengan diversos compuestos indeseables y otros productos más puros; de ahí la importancia de leer bien las etiquetas.

Insistimos en que, en relación con los productos convencionales de limpieza, la simple mención de "perfume" puede ocultar una mezcla considerable de sustancias. Normalmente, las más alergénicas (alrededor de 26) deben mencionarse, pero también hay otras. Las reacciones a los diversos productos (colorantes y conservadores, entre otros) son numerosas, al igual que en el caso de los cosméticos. Pueden tener perturbadores endócrinos,* que modifican el metabolismo, como triclosán,* parabenos*, etc. o producir irritaciones y alergias, como la isotiazolinona.

## Para los muebles y los vidrios

### El polvo de los muebles

Elige ante todo un trapo de microfibras, y utilízalo en seco para pasarlo sobre los muebles y objetos como lámparas, espejos, picaportes, etc. Esta limpieza en seco tiene la inmensa ventaja de limitar, incluso de evitar, sustancias sospechosas, sobre todo las que se vaporizan (como el ácido sulfámico y el alcohol etoxilado, entre otros). A diferencia de otros trapos estándar que no hacen más que dispersar el polvo, las microfibras lo atrapan e imantan las partículas. Los trapos de este tipo también pueden usarse para limpiar las diferentes pantallas, ya sea de televisión o de computadora.

La alternativa todavía más *verde* es utilizar calcetines viejos de lana: solo introduce la mano en ellos para desempolvar tus muebles.

### Vidrios

Utiliza otro trapo de microfibras para quitar el polvo interior y exterior del vidrio y las posibles marcas de dedos. Para limpiarlos, pasa enseguida por el vidrio un trapo humedecido en vinagre blanco* diluido al 8%, que será más que suficiente. Para el acabado, pásale un trapo limpio y seco, a fin de no rayarlo. Otra posibilidad es utilizar un atomizador en el que haya una tercera parte de vinagre blanco y dos terceras partes de agua. Esta mezcla te servirá en varias ocasiones, siempre limpiando con un trapo de microfibras.

## Para los pisos y textiles

### La alfombra y la tapicería

Tal vez desconozcas la multitud de tratamientos por los que pasaron tus alfombras, con un número considerable de productos químicos, en particular para hacerlas a prueba de fuego y de manchas. Cuando estos revestimientos son nuevos, difunden estas sustancias por todas partes en interiores. Según el material de la alfombra, es posible encontrar ftalatos,* retardantes de llamas polibromados* (PBDE y PBB, entre otros), plaguicidas contra polillas, derivados de benzimidazol, nanopartículas, etcétera.

Como si esto no fuera suficiente, los revestimientos textiles no solo emiten sustancias ¡sino también las absorben! De tal suerte que en las habitaciones puede haber presencia de otros compuestos orgánicos volátiles (COV*), provenientes de productos para la limpieza, emanaciones de pinturas, de pegamento y de barnices, así como de plaguicidas, entre otros. Estos compuestos quedan atrapados en las telas y, cuando encima de todo esto aumenta el grado de humedad, todos ellos se liberan de manera progresiva y continua en la habitación, aumentando así el grado de contaminación.

El principio fundamental es elegir telas lo menos tratadas posible. Para ello, pregunta al vendedor. Otra solución es recuperar las viejas alfombras de tus abuelos y limpiarlas con un poco de agua jabonosa o bicarbonato.*

Si las alfombras o los tapetes que tienes son lo suficientemente viejos, es muy probable que emanen pocos compuestos orgánicos volátiles. Pero si necesitas cambiar la alfombra, espera al final del embarazo y de la lactancia. En el peor de los casos, después de haber elegido un nuevo revestimiento, que contenga las menos emisiones posibles, no lo pegues, sino utiliza cintas adhesivas de doble cara. Cuida de no comprar telas *antimanchas* o dotadas de otras propiedades "mágicas", que corresponden simplemente a un añadido considerable de productos químicos, tales como alquilfenoles.*

Para la limpieza diaria, basta con usar aspiradora. Cuando se trata de hacer limpieza a gran escala, espolvorea, en seco, un poco de bicarbonato de sodio* sobre las manchas que se hayan formado. Deja actuar alrededor de 15 minutos y después aspira. Si es una alfombra y es posible, ponla a airear al exterior, o en una ventana o en un balcón.

## La loseta y el parqué vitrificado

Las losetas son el revestimiento más recomendable para el piso. Procede a barrerlas con un mechudo húmedo de microfibras. A continuación puedes utilizar jabón negro de África, por lo general medio tapón dosificador para una cubeta de agua. En el agua de enjuague vierte el jugo de medio limón para perfumar el suelo naturalmente.

## Las cortinas

Cuando parezca necesario lavarlas pide ayuda para que las descuelguen, con objeto de evitar cualquier riesgo de caídas. Lava las cortinas en la lavadora con jabón de Marsella en polvo o líquido. Colócalas de nuevo cuando todavía estén un poco húmedas, para evitar plancharlas.

## Los cojines

Si no son muy delicados, procede al igual que con la tapicería, espolvoreando un poco de bicarbonato de sodio en las manchas, y después aspirando el bicarbonato ligeramente. En las machas particularmente grasosas, es mejor que uses arcilla natural, y deja que actúe antes de cepillarla.

## DESODORIZANTES, PERFUMES AMBIENTALES Y PLANTAS DESCONTAMINANTES

### Los productos más adecuados para desodorizar

No te dejes engañar por la información insuficiente que contenga palabras como *natural*, a modo de pretexto para usar cantidades ínfimas de aceites esenciales en el producto. Algunas gotas de aceites esenciales metidas en una mezcla de sustancias químicas ¡no hacen que un producto sea natural!

Sobre todo presta atención a las velas perfumadas y al incienso, que son 95% sintéticos y que degradan intensamente el aire interior. Las velas emiten micropartículas y formaldehído,* y algunas mechas incluso difunden plomo.* Los inciensos son fuente de exposición de hidrocarburos como el benzeno y el etilbenceno. Según el Instituto Nacional de Medio Ambiente Industrial y de Riesgos (Ineris), "el incienso emite muchas más sustancias peligrosas que las velas, y su uso tal vez implique riesgos, incluso cuando solo se utilice cada mes. El incienso puede producir peligros agudos, crónicos y cancerígenos". Simplemente abstente de usarlos.

A nuestro parecer, ningún atomizador ni barra con fórmulas complejas e incomprensibles vale la pena.

Las alternativas son sencillas y fáciles de llevar a la práctica, comenzando por una buena ventilación.

### Productos desodorizantes

Los métodos menos tóxicos consisten en utilizar:

- Una mezcla de plantas olorosas que también se conocen como *popurrí*, con madera de cedro no tratada, flores de lavanda, tomillo acitronado, cáscara de cítricos secos, estrella de badián, menta, clavo de olor, etc. Esta mezcla debe renovarse de tiempo en tiempo.

- Algunas gotas de aceite esencial de limón, o incluso de eucalipto acitronado (en ausencia de reacciones alérgicas y de asma). Es clásico que se proponga el uso de un difusor, pero esto no es adecuado durante el embarazo. Te aconsejamos empapar guijarros con aceite esencial de limón; dos a tres gotas suelen ser suficientes. Aunque en este período de tu vida no debes usar cualquier aceite esencial, las reacciones al aceite de limón son raras. A falta de aceites esenciales, coloca cáscara de limón o de otros cítricos orgánicos en un envase pequeño y el problema quedará resuelto.
- Las bolsitas aromáticas, como las del tiempo de las abuelas, rellenas de lavanda, tomillo, enebro, etc. son útiles para los clósets por sus virtudes aromáticas, así como para sanearlos.

## Las plantas descontaminantes

En cuanto a las plantas que se conocen como *descontaminantes*, la azalea tiene reputación de neutralizar el amoníaco que se encuentra en los productos tradicionales de limpieza; el crisantemo lo hace con el triclorotileno de las pinturas y de los solventes convencionales; el ficus, con el formaldehído*, la malamadre, con el monóxido de carbono y el formaldehído, y la hiedra, con el benceno. En realidad, ningún estudio científico serio ha podido confirmar esto, por otra parte, algunas especies de azalea y de hiedra pueden ser tóxicas en caso de ingestión, al igual que el ficus, si bien en menor grado.

De hecho, todas las plantas absorben una parte de los compuestos presentes en el medioambiente. Esto es así tanto, para el interior de las casas, como para el exterior (pudimos analizar en la ciudad que la presencia de una gran cantidad de árboles limita los contaminantes y los absorbe). Todas las plantas son descontaminantes en alguna medida. Sin embargo, es importante cuidar de no tener plantas tóxicas en interiores, así como tampoco utilizar plaguicidas ni abono de modo inadecuado. Por otra parte, más adelante será indispensable tener cuidado de que las plantas no se encuentren al alcance de tu bebé, ya que podría intentar mascarlas. Por consiguiente, te aconsejamos colocar algunas plantas no tóxicas en alto, cerca de las computadoras y de otras fuentes de emisión de ondas y de, quizá, compuestos químicos. Después solo basta regarlas, una vez que se haya verificado que no han sido sometidas a demasiados tratamientos en la tienda. La mejor forma de descontaminar interiores siempre será la ventilación natural.

## ELIMINAR INSECTOS INDESEABLES

Es posible alejar, de manera natural, los pequeños bichos indeseables, sin recurrir a plaguicidas en interiores.

### Elegir los productos más adecuados

Constatamos con frecuencia el abuso en el empleo de plaguicidas de interiores, como recurso doméstico contra las hormigas, mosquitos, polillas y avispas, entre otros. Lo mismo ocurre con el tratamiento de las plantas de interior, la humedad, el moho, etc. La multiplicidad de tratamientos se ha tornado preocupante, en particular para las embarazadas. Hace ya más de diez años, un estudio[3] mostró que en 45% de los casos, de ocho plaguicidas que se midieron en el ambiente interior, siete se encontraban en la sangre materna y en el cordón umbilical. Estos plaguicidas se han identificado como muy dañinos para el desarrollo psicomotor del bebé. En estudios experimentales[4]

---

[3]   R.M. Whyatt *et al.*, "Contemporary use of pesticides in personal air samples during pregnancy and blood samples at delivery among urban minority mothers and newborns", *Environmental Health Perspectives*, 111(5), 2003 may, pp. 749-756.

[4]   J. Diezi, E. Felley-Bosco *et al.*, *Précis de toxicologie*, Éditions Médecine et Hygiène, 2008 jun.

se ha demostrado que algunos de estos plaguicidas pueden ocasionar padecimientos neurológicos y trastornos en la reproducción. El área de comunicación de los fabricantes indica que los plaguicidas que suelen utilizarse en la actualidad son de la clase de los piretroides,* los cuales se asemejan a productos presentes en la naturaleza, si bien en realidad son diferentes y mucho más persistentes. Además, al añadirles butóxido de piperonilo* (PBO) para aumentar su eficacia, se incrementa su toxicidad.

Algunos productos que se conocen como *repelentes* tienen por finalidad ahuyentar a los insectos, sin matarlos, a diferencia de los plaguicidas. Se encuentran sobre todo en forma de espirales que se consumen cuando se encienden, de atomizadores para rociar o de sustancias que hay que colocar en difusores eléctricos. La Alta Autoridad de Salud ha aprobado uno solo de estos productos: el IR 3535. Si no eres especialista en química, sencillamente abstente de utilizar estas sustancias.

Existen varias opciones naturales para deshacerse de insectos indeseables. Un producto que destaca porque puede proporcionarte servicios inestimables: la tierra de diatomeas, la cual se encuentra en tiendas de mejoramiento del hogar, está compuesta de microalgas fosilizadas, ricas en silicio, que actúan como insecticidas. Basta con espolvorear los lugares donde suelen pasar los insectos y otros microanimales, sin olvidar la parte trasera de los armarios y los rincones ocultos, entre otros.

## Productos contra insectos y contra ácaros

Según la especificidad de los insectos de los cuales deseas deshacerte, puedes utilizar diferentes productos naturales.

| Bichos | Soluciones naturales (nuestras recomendaciones) |
|---|---|
| Hormigas, arañas, chinches | Tierra de diatomeas. |
| Mosquitos | Mosquiteros para evitar picaduras. La citronela, el pelargonio y la albahaca también sirven de protección. |
| Polillas | Saquitos de lavanda. |
| Cucarachas | Trampas listas para usarse, o preparadas en casa (colocar en el fondo de una caja fécula de maíz y agua). |
| Piojos | Frotar el cuero cabelludo con aceite. Gotas de aceite esencial de lavanda diluidas en aceite de avellana. |
| Pulgas y garrapatas | Lavados cuidadosos y repetidos. |

Las recomendaciones respecto a las alimañas en interiores también se aplican, por supuesto, a todo lo relativo a la jardinería. Puedes trabajar en tu jardín, si así lo deseas, pero sin esforzarte; con guantes, para evitar mancharte, y sobre todo, sin utilizar productos a base de plaguicidas químicos. En los libros de jardinería ecológica se encuentran numerosos métodos naturales para combatir insectos indeseables.

El potencial tóxico, sobre todo desde el punto de vista neurológico, es mucho más grave cuando las lesiones se producen durante la vida uterina. Insistimos en el hecho de que las normas sobre la toxicidad de estos productos a menudo son obsoletas y no homologadas entre diferentes países. Además, algunos productos pueden producir efectos tóxicos en el feto en concentraciones mucho más bajas de las que en la actualidad se admiten.

# LA CHIMENEA Y LA COMBUSTIÓN DE MADERA

## Problemas con los productos de la combustión

¡Nada más agradable que un bello fuego en una chimenea! Sin embargo, allí también conviene que tomes una serie de precauciones para tu futuro bebé. ¿Por qué? Por dos razones esenciales: la primera se relaciona con el desprendimiento de micropartículas en el humo, que tienen un diámetro que va de los 2.5 a los 10 µm (micrómetros) y que se mantienen en suspensión en la habitación. Tú inevitablemente las inhalas y se alojan enseguida en tus pulmones, pudiendo ocasionar irritaciones en las vías respiratorias. La segunda razón se asocia al hecho de que la leña pudo haber sido tratada y estar emitiendo un gran número de sustancias, entre las cuales se encuentra la dioxina,* que es potencialmente cancerígena. En una época se utilizaron incluso los travesaños de ferrocarril, tratados con una sustancia particularmente tóxica, la creosota,* como simple madera o carbón vegetal en las chimeneas y en los asadores (así como para postes de jardín). Tenían la virtud de evitar que se pudriera la madera. Las leyes han prohibido desde entonces el uso de este tipo de madera de recuperación a menos que haya recibido tratamiento previo.

Durante todo el período de embarazo y de desarrollo de tu bebé, debes ser muy prudente respecto a la leña que no provenga de tu jardín y que esté tratada. Aunque esto puede sorprenderte, se recomienda no quemar madera en las chimeneas, debido a las emisiones de monóxido de carbono y de dioxina,* salvo si la chimenea es de hogar cerrado, mediante la instalación de un inserto (pieza vítrea que se "inserta" en la chimenea).

## Recomendaciones para el uso de la chimenea

Por regla no utilices la chimenea de leña y de hogar abierto durante el embarazo y mientras tu niño sea pequeño.

Para el caso de las chimeneas de hogar cerrado elige madera certificada, recomendad por la Agencia del Medio Ambiente y del Control de Energía (ADEME).

| Logotipo | Sello calidad* solo hay sello de certificación |
|---|---|
| | NF (normas francesas), leña para quemas |
| | NF, gránulos biocombustibles |
| | NF, gránulos biocombustibles Agro de Alto Rendimiento |
| | Din Plus |

Si adquieres los leños con comerciantes locales, como suele ser el caso en el medio rural, asegúrate de que la leña no haya sido tratada.

En cuanto a otros modos para calentar las habitaciones, en particular el gas, en muchos países la ley impone verificaciones y mantenimiento anuales. Recordemos que, aunque por fortuna cada vez menos, aún se dan casos de intoxicación por monóxido de carbono ocasionados por calefactores defectuosos y con poco mantenimiento, tanto de gas como de combustóleo.

# Recámara de los padres

## Ropa de vestir, ropa de cama y aseo

# En la recámara de los padres

1. **Ropa:** Debido a lo fácil que es el paso de sustancias sospechosas de la ropa a la piel (en particular a través del sudor), es importante que elijas telas provenientes de la agricultura orgánica, en la que se limita marcadamente el uso de procesos químicos. Los sellos de certificación podrán orientarte.

2. **Ropa interior:** En virtud de que se usa en contacto directo con la piel, debe ser objeto de gran vigilancia. Elige de preferencia sistemas de control que certifiquen que las sustancias utilizadas están normadas y de preferencia orgánicas.

3. **Colchón:** Elige un colchón que sea 100% de látex natural, procedente de la agricultura orgánica, lo menos tratado y el más sano.

4. **Ropa de cama:** Al igual que cualquier tela que entre en contacto con la piel, es preferible que elijas la que lleve un sello de calidad que certifique que se ha sometido a medidas de control serias.

# ROPA

Los productos químicos presentes en las telas, particularmente en la ropa, son una verdadera fuente de preocupación para los científicos y los médicos, debido a las sustancias tóxicas que desprenden. Por ello es obligatorio tomar precauciones, incluso si no estás consciente de ese problema.

## Una situación poco tranquilizante

Se estima que se necesita alrededor de 1 kg de productos químicos para la confección de 1 kg de ropa. De tal suerte que es alucinante que en el sector de la industria textil se utilicen 2 400 sustancias diferentes. De acuerdo con la Agencia Sueca de Productos Químicos, 10% de estas sustancias, es decir 240, han resultado ser preocupantes para la salud humana, en especial en el caso de los niños, que son más vulnerables. En cuanto al medioambiente y a las personas que confeccionan estas telas, las consecuencias son dramáticas, aunque este es un tema que no abordaremos aquí. Por otra parte, todos estos compuestos químicos y aditivos de fabricación que se vierten en el medioambiente, manchan y contaminan los suelos y los ríos, e inevitablemente acaban por introducirse en la cadena alimenticia, lo que, en términos de salud, dista de ser insignificante.

En relación con el impacto directo de las sustancias químicas contenidas en la ropa, la piel no es una barrera impermeable entre el cuerpo y el medio exterior sino un lugar de intercambios, en el cual una proporción pasa al cuerpo, sobre todo durante la sudoración. Esto sucede sobre todo en el caso de la ropa interior. Para los bebés es peor, puesto que su piel aún no ha madurado y se comporta como papel secante. Por ello es imperativo elegir bien la ropa del bebé, en particular las pijamas y las camisetas (véase pp. 198-199).

Desde un punto de vista práctico, debes diferenciar la ropa a base de fibras que inicialmente fueron naturales de las que están fabricadas a base de fibras sintéticas. Las primeras son de origen animal (lana, seda, cachemira) o de origen vegetal (algodón, lino, cáñamo), en tanto que las fibras sintéticas, representadas básicamente por el acrílico, la poliamida, el elastano y el poliéster, se derivan de la industria petroquímica. Muchos creen que si la ropa es de fibra natural, mejor. Sin embargo, esto es un error. El algodón, por ejemplo, es objeto de numerosos tratamientos (colorantes y aprestos diversos) que, a final de cuentas, lo hacen ser poco "natural" y estar muy alejado del producto original.

En el caso de los zapatos se usan diferentes biocidas, sobre todo contra el moho, sin que se conozca de qué tipo son. Esto debido a que los zapatos con frecuencia se fabrican en países donde las leyes son laxas y poco informativas. Además, el cromo hexavalente que se utiliza para suavizar el cuero puede producir irritaciones y alergias (aunque desde mayo de 2015, por lo menos en Francia, ya no puede haber artículos que contengan más de 3 mg/kg de este metal).[*1]

---

[1]   De acuerdo con Green Peace, Asics® y Reebok® son marcas que ofrecen calzado que han erradicado el uso de materiales peligrosos en sus productos [N de la E.].

## ¿Por qué hay tantas sustancias químicas en las telas actuales?

**Los colorantes** modifican y personalizan las telas. No todos son idénticos en términos del efecto en la salud, pero algunos se consideran perturbadores endócrinos, y otros liberan aminas, de las que se sospecha que son cancerígenas. Entre los colorantes más problemáticos se encuentran los azoicos.

**Los estampados** deben ser resistentes a las lavadas. Para ello se emplean agentes fijadores, como el formaldehído de melanina, que es un compuesto que algunos toxicólogos consideran cuestionable.

**Los preparados químicos** aseguran el lavado de las fibras primarias con objeto de quitar las impurezas, luego las fibras son engrasadas para permitir un tejido industrial rápido. Acto seguido, es necesario desengrasarlas con otros solventes químicos…

**Los aprestos** que dan a la tela propiedades antiestáticas y antimanchas requieren una cantidad considerable de agentes químicos. Algunos son poco recomendables, como los diferentes alquifenoles* (entre los que se encuentran los octilfenoles y los nonilfenoles, o NPE*) y los agentes detergentes emulsificantes,* entre otros. Detengámonos un instante en estos compuestos. El uso del etoxilato de nonilfenol ha sido prohibido desde hace tiempo en las telas que se fabrican en Europa, debido a la contaminación que genera; sin embargo, se ha autorizado para las telas de importación. Los líderes occidentales, con franca hipocresía, no solo no se preocupan, o lo hacen de manera insuficiente, por los daños que se generan en el planeta a causa de lo que se produce en países "en vías de desarrollo", como Bangladesh, sino que además no toman en cuenta que, en el caso de los aprestos se trata de sustancias que se descomponen en el lavado. En última instancia, todos estos productos no hacen más que formar parte de la cadena alimenticia en forma residual, además se ha comprobado que son sustancias tóxicas para los órganos sexuales. La prohibición de importar ropa impregnada de estas sustancias apenas se votó en julio de 2015 y entrará en vigor ¡en el 2020!

Entre otras sustancias que pueden generar problemas, ha de mencionarse la permetrina* (piretroide sintética), que representa 90% del mercado de los plaguicidas; algunos ftalatos*, polibromados* retardantes de llamas,* la silicona y las sustancias impermeabilizantes a base de compuestos perfluorados; es decir, una cantidad considerable de compuestos, de los cuales una gran mayoría son perturbadores endócrinos.* A esto se aúna la posible presencia de nanopartículas (sobre todo de plata, como desodorizante y antibacteriano) que pueden penetrar las células del cuerpo, incluyendo las del embrión, si bien esto rara vez se indica claramente. La mención en la etiqueta de *iones de plata* y *nano plata* deben alertarte al respecto.

**Las propiedades actuales de las telas**

- antimanchas
- antiestática
- antiolores
- antiencogimiento
- antiarrugas (para limitar el planchado)
- impermeabilizadas
- retardantes de llamas
- antibacterianas
- antimoho
- antiinsectos (polillas y ácaros)
- antioxidantes
- suavizantes

no son posibles más que por el uso de un coctel de agentes químicos, de los cuales muchos tienen una toxicidad comprobada para la salud y para el medioambiente.

Por si fuera poco, las leyes no imponen a los fabricantes revelar los procedimientos de elaboración de las diferentes telas. Existen, asimismo, dudas en cuanto de qué están hechas las emanaciones de algunos compuestos textiles que respiras obligatoriamente cuando portas las telas. Los trabajadores portuarios que reciben los contenedores de telas nuevas provenientes de Asia deben equiparse con máscaras antigás al abrirlos, debido a la fumigación.[2] Todo esto es particularmente preocupante, tanto para las embarazadas como para los niños pequeños.

## Las mejores opciones

Por fortuna, existen fabricantes de ropa que garantizan el uso limitado de las sustancias más problemáticas. Pero, si no se tiene un conocimiento mínimo, no es fácil localizarlas. Para orientarte, elige las marcas que llevan los siguientes sellos de certificación.*

| Logotipos | Principales sellos de certificación* | Características |
|---|---|---|
| | Eu Ecolabel, Ecolabel europeo | Telas en que se usaron procedimientos respetuosos del medioambiente, certificadas por el AFNOR. |
| | Gots | Telas provenientes de la agricultura biológica o biodinámica, con uso reducido de sustancias químicas para su tratamiento. |

---

[2]  B. Savary, *Gaz toxiques dans les conteneurs maritimes*, États des Lieux, INRS, NST 310, 2013.

| Logotipos | Principales sellos de certificación* | Características |
|---|---|---|
| **ÉQUITABLE** **ECOCERT** Contrôlé par Ecocert | Ecocert Équitable | Telas provenientes de la agricultura biológica, con uso muy limitado de procedimientos químicos. |
| **BIO PARTENAIRE** | Bio Partenaire | Algodón proveniente de la agricultura biológica o biodinámica y de comercio justo. |

**Oeko-tex ® Standard 100 y 1000** corresponde a un sistema de control y de certificación para los productos textiles, cuyo objetivo es verificar que las sustancias utilizadas estén reglamentadas y que no se encuentren productos notoriamente sospechosos, que la ley no haya reglamentado aún y que sean susceptibles de perjudicar la salud. Hay muchas clases de telas que tienen esta certificación, sobre todo la ropa interior, los diferentes artículos para bebé y niños, y los textiles que cubren telas como chamarras, abrigos y tapicería. Te invitamos a elegir marcas con esta certificación, o la de la AFNOR, en particular para el caso de ropa interior que está en contacto directo con la piel.

| Logotipos | Principales sellos de certificación* | Características |
|---|---|---|
| **demeter** Agriculture Bio-Dynamique **DEMETER** | Demeter | Similar a los sellos anteriores, son telas procedentes de la agricultura biológica o biodinámica, con preocupación por las prácticas agrícolas, e investigación sobre cómo limitar el impacto en el medioambiente. |

| Logotipos | Principales sellos de certificación* | Características |
|---|---|---|
| | BioRe | Provenientes de la agricultura biológica. |
| | Naturtextil | Sello de calidad creado para garantizar la producción de telas naturales de calidad, respetando criterios ecológicos. Existen dos variantes: la IVN-certified (95% de fibras de origen biológico, o en período de conversión) y la IVN-certified best (100% de fibras textiles certificadas de origen biológico). |

Si no logras encontrar ropa con este tipo de sello, solicita al vendedor los productos menos tratados, o pídelos en sitios confiables en internet.

Por lo general, la ropa de color claro contiene menos cantidad de colorantes sospechosos.

## La limpieza

Antes de usarla, te aconsejamos lavar la ropa nueva dos veces, para eliminar algunos compuestos químicos o reducir su concentración. Aun cuando ha mejorado la calidad de las tintorerías, evita lavar la ropa en seco. Cada vez es mayor el número de tintorerías que no utilizan percloroetileno*, un solvente* sumamente tóxico. Ninguna lavandería o tintorería nueva está autorizada a usarlo, y las que contaminan a la comunidad deben clausurarse. Para el caso de los detergentes (revisa el capítulo "Cuarto de lavado"), elige los que no tienen perfumes. En cuanto a los suavizantes, utiliza vinagre blanco,* que constituye una excelente alternativa, y que es muy rendidor y de bajo costo.

# ROPA DE CAMA

Muchas personas no saben que la ropa de cama, las sábanas, las fundas o los colchones pueden ser problemáticos en términos de toxicidad, ya que todos están fuertemente impregnados de productos químicos, que respiras sin ser consciente de ello. Al elegir es importante que tomes precauciones, puesto que pasas una tercera parte de tu vida en la cama.

## Sábanas, fundas de almohadas y fundas de travesaño

Todo lo que mencionamos en relación con la ropa, en términos de fabricación y de aditamentos químicos, también se aplica para las sábanas y los diferentes tipos de fundas. Sus compuestos te contaminan por el contacto directo que tienen con la piel y por inhalación, lo cual pasa en conjunto hacia la sangre. En el caso de las almohadas es aún peor, pues sudamos más en ellas e inhalamos todavía más directamente los productos sospechosos.

### Las mejores elecciones

Los sellos de certificación* que debes escoger para las telas de la casa son los que hemos presentado en el caso de la ropa: EU Ecolabel, Ecolabel europeo, gots, Ecocert Équitable, Bio Partenaire, etc. Y como organismo certificador: Oeko-Tex, particularmente. Y las marcas: Eco-sapiens®, La maison nature®, Noctéa®, Matelas-bio-latex® y Plusdecoton®, entre otras.

### Limpieza de la tela de la ropa de cama

Al igual que en el caso de las telas que tienen contacto con la piel, lava y enjuaga la ropa de cama dos veces antes de usarla. En cuanto a los detergentes, revisa el capítulo "Cuarto de lavado".

## Colchón y almohadas

### ¡Prudencia con el colchón!

Los colchones, sus forros y protectores a menudo contienen un auténtico arsenal de compuestos químicos, además de los que son comunes en diversas telas, en los productos contra ácaros e insectos (como la polilla, entre otras) y los antiinfecciosos contra manchas. También es posible encontrar en ellos nanopartículas, sobre todo plata, sin que esto se mencione claramente o resulte comprensible.

La tendencia general es interesarse solo en los colchones en lo que se refiere a su componente "acostarse"; es decir, a los aspectos de firmeza y de calidad de apoyo para la columna vertebral. En cambio, aunque sea también fundamental, o incluso aún más, se descuida el aspecto de la toxicidad. Las alergias, que cada vez son más numerosas, ¡en ciertos casos, pueden tener su origen en la ropa de cama! Es posible que otras alteraciones o patologías también sean ocasionadas por inhalar perturbadores endócrinos* durante varias horas. De ahí la necesidad de que te plantees la pregunta de si tu colchón es adecuado para tu embarazo.

¿De qué está hecho el colchón? De resortes, hule espuma o látex con forros variados. Los de resortes garantizan un buen grado de firmeza y de resistencia con el tiempo, y cada vez más se forran con hule espuma. Los que nada más están hechos de hule espuma son los de precio más bajo, y suelen ser de poliuretano, con densidades y calidad variables, generalmente con concentraciones de diversos compuestos volátiles provenientes de la petroquímica. Los de látex pueden ser de dos orígenes: sintéticos (derivados de la polimerización de diversos compuestos) o naturales (por ejemplo, del árbol hevea). Todos pueden haber recibido tratamientos químicos, sobre todo en lo que se refiere a su forro, pero en los de la última categoría, los que son 100% de látex, el tratamiento es mucho menor. En realidad, estos colchones no son enteramente de látex pero se recurre a esta denominación si el látex forma parte de por lo menos el 85% de los componentes.

De modo más marginal, existen también colchones de lana o de algodón.

## Las mejores elecciones

Insistimos en el hecho de que el embarazo es el momento ideal para contemplar el cambio de colchón. La prioridad es que sea sano y que te asegure, desde luego, máxima comodidad.

Los colchones de espuma de poliuretano por lo general emiten, en grados variables, cov* y, entre estos compuestos, hidrocarburos aromáticos, retardantes de llamas,* compuestos bromados e incluso biocidas* (plaguicidas) que se anuncian como tratamientos que "aportan una gran cantidad de beneficios". No te aconsejamos estos colchones, sobre todo sabiendo que los colchones más viejos emitían menos cov.

En cuanto a los colchones de resortes, pregunta al vendedor si el interior es de hule espuma, en cuyo caso estamos hablando, en el plano toxicológico de la categoría anterior.

Nuestra elección principal se orienta hacia los colchones de látex, pero no a cualquiera de ellos. El *látex 100%* es de origen sintético, mientras que el *látex 100% natural* o *100% de origen natural* es de origen vegetal, tratado parcialmente. Debes inclinarte por los colchones de látex **100% natural procedentes de la agricultura biológica**, pues son los menos tratados y los más sanos.

En cuanto a marcas, podemos mencionar: Matelas-bio-latex® y Biosense® (látex natural),[3] entre otras.

En condiciones ideales, se debería optar por un colchón sin productos químicos añadidos. Pero, por desgracia, es difícil evadir los que son inflamables o ignífugos.

La mención de que son *antiácaros* es ambigua: no distingue a los colchones con aditivos químicos, de los que, por su textura, impiden de manera natural que se alojen las arañas pequeñas que son los ácaros. Para los de látex 100% natural, la propia textura los aleja. Sin embargo, es posible que se sometan parcialmente a tratamiento a modo de precaución para preservar el forro. Pregunta al vendedor de colchones. Una vez más, no te dejes engañar por la simple palabra *natural*, que aparece en ciertas telas y artículos de la ropa de cama, pues no constituye, en ningún caso, un sello de calidad* ni previene de ningún modo que el colchón se haya sometido a tratamientos intensos.

## Las almohadas

Marcas de almohadas orgánicas: Mille oreillers®, Noctéa® oreillers, entre otras.[4]

Modelos de almohadas orgánicas: almohadas morfológicas de látex 100% natural y orgánicas, comercializadas sobre todo por Biosens®; almohada de cascarilla de trigo espelta orgánico o de cascarillas de pequeña espelta y de algodón orgánicos.

Haz tus pedidos con tu vendedor de ropa de cama o, en su defecto, a sitios de internet confiables. Elige con atención y, de no ser posible, conserva tu colchón si es viejo, porque emite pocos compuestos.

---

[3]  En México puedes considerer los colchones orgánicos Feeltex® y el colchón de látex natural Acolsa® [N. de E.].

[4]  En México, entre las marcas que ofrecen almohadas orgánicas se encuentra AllerEase® [N. de E.].

# LIMPIEZA PRECAVIDA

## Productos de limpieza

Se asemejan a los de la sala (véase pp. 153 y ss.).

## Las seis reglas de la limpieza

- Airea tu recámara todos los días y aséala sin productos químicos.
- Para las cubiertas de piso (losetas, parqué y otras), bárrelas con una escoba o un trapo de microfibras humedecido. Para limpiar el piso más eficientemente, puedes diluir jabón negro de África, por lo general un tapón dosificador para una cubeta de agua tibia (diez litros), añadiéndole a continuación al agua el jugo de medio limón, si te agrada este olor.
- Para quitar el polvo de los diferentes muebles y de las cabeceras de la cama, utiliza también un trapo de microfibras en seco. En ocasiones puedes usar un poco de agua jabonosa. Evita los productos de vaporizadores industriales, porque las gotitas inhaladas penetran profundamente en los bronquios y en los bronquiolos.
- Para los vidrios, utiliza otro trapo de microfibras, con objeto de desempolvarlos en el interior y en el exterior.
- Para las cortinas, utiliza el mismo procedimiento que para las de la sala (véase p. 159), si bien, por lo general, las del cuarto se lavan con menos frecuencia.
- Para las alfombras y los tapetes, si son de material sintético y nuevas, enróllalas y colócalas afuera, pues corren el riesgo de contener ftalatos,* de los que es necesario desconfiar durante el embarazo. En el caso de la tapicería, si es vieja, es probable que produzca pocas emanaciones. Para limpiarla, procede como se indica en la página 158.

# Recámara del bebé

## Pinturas, mejoras en la casa, muebles y juguetes

# En la recámara del bebé

1. **Pinturas para las paredes:** Algunas emiten productos tóxicos. Por consiguiente, elige con cuidado y da preferencia a las que tienen el logo A+, que corresponde a productos que tienen menos emisiones de solventes. Hay varios sellos de certificación que pueden orientarte.

2. **Ropa:** La primera regla es lavarla dos veces antes de ponérsela a tu bebé. Elige prioritariamente la ropa de algodón procedente de la agricultura orgánica, con sellos de certificación.

3. **Muebles:** Se debe dar preferencia a los muebles de madera maciza en bruto; de ser posible, no barnizada ni tratada con métodos convencionales.

4. **Juguetes:** Es preferible adquirir muñecos de peluche de algodón orgánico y lavarlos antes de colocarlos en la recámara de tu bebé. Cuidado con los peluches de pelo largo, porque pueden contener sustancias (retardantes de llamas* y polibromados*).

Tu bebé va a estar más de 85% de su tiempo en interiores (en tus brazos, claro está, pero cada una de las habitaciones: cocina, comedor, recámara, etc.). Esta última debe ser un lugar sano, eres consciente de esto, por lo que buscarás, evidentemente, la que sea la más limpia y atractiva posible: comprando muebles nuevos, repintando, cambiando la alfombra, preparándote para renovar todo. Sin embargo, tal vez no sospeches que, al hacer todo esto, puedes estar introduciendo involuntariamente un gran número de compuestos químicos y "contaminar" la recámara con más o menos intensidad. A continuación te proporcionamos una serie de soluciones para evitar o reducir significativamente todas estas fuentes de contaminación y preparar un recibimiento sano para tu recién nacido.

## PINTURAS Y OTROS TRABAJOS PARA MEJORAS EN EL HOGAR

### Dejárselo a otros

Para que el cuarto de tu bebé sea bonito, tal vez quieras pintar la recámara que le tienes destinada. Como estás de licencia de maternidad, tienes algo de tiempo, así que probablemente puedes hacerlo. ¡De ninguna manera! Deja que eso lo haga alguien más, por ejemplo, el papá, porque tú no debes respirar los solventes* de la pintura ni arriesgarte a caer de una escalera plegable.

Son muchas las futuras mamás que se esperan hasta el último momento para (hacer) pintar la recámara. Al igual que para cualquier otro arreglo de la casa, es indispensable que se realice varios meses antes del parto. De hecho, es necesario airear la recámara del bebé el tiempo suficiente para reducir el riesgo de presencia de contaminantes volátiles derivados del secado de las pinturas y el pegamento.

## Criterios de elección

A la hora de comprar la **pintura**, los principales criterios de elección suelen ser el color y el precio. Sin embargo, en términos de toxicidad, no todas las pinturas son idénticas, ya que algunas emiten más formaldehído,* tolueno, tetracloroetileno, etc., que otras. Es necesario leer las etiquetas y elegir solo las pinturas en las que aparece A+ en el logotipo, que corresponde a productos con menos emisiones. Las pinturas de aceite contienen alrededor de 55% de solventes* orgánicos, pero eso no significa que las de agua sean completamente inofensivas, ya que algunas también tienen solventes, sobre todo éteres de glicol,* en concentraciones variables.

En términos más generales, todos los productos para el arreglo del hogar que desees usar deben incluir algunas características que se mencionan en la etiqueta.

| Logotipo | Principales sellos de certificación* e indicaciones | Características |
|---|---|---|
| ÉMISSIONS DANS L'AIR INTÉRIEUR* A+ A+ A B C | A+ | Los productos para el arreglo del hogar se califican en función del grado en que emiten compuestos volátiles orgánicos (cov*). Van de la A+ (muy pocas emisiones) a C (alto grado de emisiones). |

| Logotipo | Principales sellos de certificación* e indicaciones | Características |
|---|---|---|
| | EU Ecolabel, Ecolabel europeo | Incidencia limitada en el medioambiente y la salud, y ausencia de algunas sustancias como *metales pesados*. |
| | NF (Norme française) Environnement | Garantiza una emisión reglamentada de cov.* |
| | Natureplus | Sin duda alguna, uno de los sellos de certificación más confiables para materiales para el arreglo de la casa y de construcción. Debido a que los protocolos son rigurosos, limitan el impacto en la salud y el medioambiente. |
| | GUT (para los tapetes) | Mayor respeto al medioambiente y al ciclo de vida del tapete. |
| | EMICODE EC1 PLUS (para los pegamentos, los barnices, las juntas de estanqueidad y los niveladores) | Garantiza la ausencia de emisiones de sustancias cancerígenas. |
| | Pure (para las pinturas) | Sistema de referencia de Ecocert para las pinturas y los revestimientos ecológicos de origen natural. |

| Notas adicionales en relación con las pinturas | Características |
|---|---|
| Pinturas minerales de silicatos | Emiten muy pocos compuestos orgánicos volátiles y son agradables al tacto. |
| Pinturas sin solventes* | A base de diferentes resinas controladas. Prefiere las pinturas naturales. |
| Cal* | La caliza que se calienta a altas temperaturas pierde el carbón. Utiliza la cal calcárea hidráulica con arcilla (norma NHL), la cal aérea o la caliza pura (norma CL90) cuando sea posible. También se encuentran en diferentes colores. |

En cuanto al papel tapiz, numerosos aditivos pueden ser añadidos durante su fabricación. Muchos contienen diversos compuestos, entre los que se encuentran el vinil expandido, con una concentración variable de ftalatos*, que sirven para plastificar el PVC.* Las tintas que se utilizan también pueden ocasionar problemas debido a las emisiones de diversas sustancias volátiles, que incluyen el formaldehído.* Si piensas que no tienes otra opción más que usar este tipo de papel, infórmate bien con el vendedor, utiliza pegamento y papel pintado adecuados, con base en los criterios que hemos definido (A+), aunque esto no te exonerará de airear la recámara del bebé lo suficiente.

Para el **piso** de la recámara del bebé, lo ideal son las losetas o el parquet no vitrificado. Si esto no te es posible, presta mucha atención a la elección de la alfombra (o cualquier otro tipo de revestimiento) que adquieras. Si acabas de comprar un revestimiento, no utilices pegamento, sino cinta adhesiva de doble cara. Haz lo mismo con el parquet, sobre todo el *flotante*. Infórmate con el vendedor y en ningún caso uses barniz. Aun cuando la vitrificación del parquet se seca rápidamente, puede desprender éteres de glicol,* que aunque no sean perceptibles al olfato, no deben ser respirados por las embarazadas, ni por los bebés. Insistimos una vez más en el hecho de que, al igual que en los trabajos de pintura, los del piso deben realizarse varios meses antes del parto.

También debes ser prudente si deseas colocar alfombra, pues puede desprender fibras microscópicas, y cuando son sintéticas, tienden a contener ftalatos.* Recuerda que los niños pequeños suelen masticar los objetos que encuentran en su recámara.

Para los revestimientos de piso, la regla es evitar los más tóxicos. Elige uno, consultando al vendedor, y teniendo en cuenta…

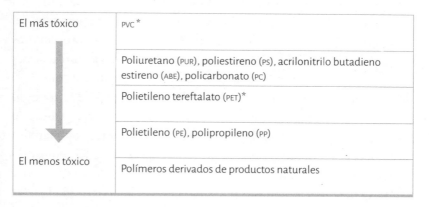

| El más tóxico | PVC* |
| --- | --- |
| | Poliuretano (PUR), poliestireno (PS), acrilonitrilo butadieno estireno (ABE), policarbonato (PC) |
| | Polietileno tereftalato (PET)* |
| | Polietileno (PE), polipropileno (PP) |
| El menos tóxico | Polímeros derivados de productos naturales |

Según *Le Guide Terre vivante de l'habitat sain et naturel* (collectif), Ediciones Terre Vivante, Mens, 2014.

# ELEGIR BIEN LOS MUEBLES

## Varios tipos de emisión de sustancias

Algunos criterios sencillos te permitirán elegir correctamente los muebles para la recámara del bebé y para la tuya. Es necesario que sepas, antes que nada, que los muebles nuevos desprenden muchas sustancias después de su fabricación. Estas emisiones, que reciben el nombre de *primarias*, por fortuna suelen disminuir de 60% a 70% en seis meses. Por su parte, las emisiones que se conocen como *secundarias*, se relacionan con el uso de algunos productos químicos de limpieza, así como con otros aspectos, como el grado de humedad de la recámara.

## Cuando las autoridades sanitarias se inquietan...

El Plan de Calidad del Aire Interior (que data de 2013) y que se retomó en la acción 49 del Plan Nacional de Salud Medioambiental 3 (PNSE 3, 2015-2019), recomienda desarrollar un etiquetado para los productos susceptibles de emitir contaminantes en el aire interior, que incluya al mobiliario. Mientras se espera que en 2020 entre en vigor el etiquetado obligatorio, "podría negociarse un acuerdo voluntario entre los fabricantes, distribuidores de muebles, los proveedores principales del mercado de muebles de oficinas para las instituciones públicas [...] y las comunidades, para cumplir el objetivo de que 80% de los muebles para niños contengan dichas etiquetas". De acuerdo con las indicaciones del informe de la Agencia Sanitaria (Anses) de junio de 2015: "Los muebles se fabrican con numerosos materiales que pueden ser tratados, decorados o protegidos. Pueden emitir diversas sustancias volátiles o semivolátiles, a las cuales puede quedar expuesta la población en general. Con base en la peligrosidad de las sustancias y de su posibilidad de ser emitidas por el mobiliario, se han identificado 41 sustancias de interés, de las cuales 31 son prioritarias. Estas sustancias se han clasificado en su totalidad como cancerígenas, mutagénas* o reprotóxicas"[1] (revisa los anexos *Agentes* CMR* *(*INRS*)* y *Contaminantes en los muebles*).

## Las soluciones inmediatas

Ante esta situación, la acción inmediata es no comprar muebles de aglomerado nuevos. Las partículas finas, las fibras y los diferentes pegamentos y barnices con los que están fabricados emiten compuestos orgánicos volátiles (los famosos COV*), formaldehído,* acetildehido y muchas otras sustancias sospechosas, irritantes, alergénicas y susceptibles

---

[1] Peritaje en apoyo al etiquetado de mobiliario; dictamen de Anses, informe de peritaje colectivo.

de alterar el metabolismo… se considera que los muebles que se apegan a la norma NF EN 312 son los que generan menos emisiones. No obstante, es preferible adquirir muebles de madera maciza en bruto, idealmente no barnizada y sin productos de protección, y sobre todo, sin plaguicidas (es decir, madera no "tratada"). Para la limpieza, basta con aplicar aceite de linaza o incluso de oliva. Las personas quisquillosas harán el comentario de que la madera natural emite compuestos, como los terpenos. Esto es cierto, pero no se compara con el coctel de sustancias químicas con el que en la actualidad se impregna a los muebles. Respecto a los aglomerados, te aconsejamos no elegir más que los de segunda mano o muy antiguos (puesto que, entre más años tengan, emiten menos elementos volátiles primarios). ¡Y esto además, te permitirá ahorrar dinero!

En cuanto a los sofás y a los cojines, la inmensa mayoría es tratada con productos retardantes de llamas,* y frecuentemente con polibromados* y perturbadores endócrinos.* Y lo mismo sucede con las carcasas de las computadoras y de los televisores. La tendencia en la actualidad es adquirir productos inflamables, que están fabricados con compuestos fosforados, los cuales permanecen en gran medida fijos en las fibras textiles y que también pueden contener compuestos perfluorados* para impermeabilizar tanto la tapicería como los cojines.

Las emisiones de estos muebles y aparatos parecen relativamente insignificantes *a priori*, de acuerdo con los inspectores de las instituciones de control, lo que parecía, hasta ahora, más bien tranquilizador, pero se ha comprobado que falta mucha información confiable. Además, algunas agencias de control, en la actualidad, antes de difundir aspectos técnicos y científicos, tienen en cuenta las repercusiones de índole psicológico que podrían tener en la población y, en consecuencia, minimizan las señales de advertencia.

En todo caso, no permitas que tu bebé juegue con los cojines y otras telas de la casa, ni que se las lleve a la boca, porque correría el riesgo de absorber, además de colorantes, muchos otros productos, como los retardantes de llamas, que tienen la reputación de alterar el metabolismo.

Por lo general, para los muebles de la casa, de tu recámara y de la sala, es preferible que elijas, si fuera posible, los fabricados de metal, fierro o acero en bruto (para la estructura de la cama, de las mesas, etc.). Estos materiales no emiten productos volátiles, salvo si han sido tratados o pintados recientemente. Lo mismo sucede con el vidrio (en el caso de la cubierta de la mesa, por ejemplo). El plástico, sobre todo en las sillas de policarbonato (bisfenol A),* es resistente y no presenta riesgo de contaminación, ¡si no se chupa! Los muebles antiguos por lo general son seguros, aunque también es importante que la cera que utilices para limpiarlos no sea un concentrado de productos químicos (te recomendamos cera pura de abejas).

## Para elegir bien

| Logotipo | Principales sellos de certificación* |
|---|---|
| | **EU Ecolabel, Ecolabel europeo** |
| | **NF environnement**<br>**NF EN 312** (para los aglomerados, 717-1) |
| | **Natureplus** |

| Logotipo | Otros sellos de certificación* que pueden considerarse para la madera |
|---|---|
| FSC | FSC (Forest Stewardship Council) |
| PEFC | PEFC (Programa de Reconocimiento de Certificaciones de Gestión Forestal) |

**En condiciones ideales, hay que dar preferencia a:**

- los muebles de madera masiva en bruto; de ser posible, no barnizados ni tratados de manera convencional
- el acero y el vidrio, colocando protecciones en las esquinas
- el plástico de policarbonato
- los muebles antiguos tratados únicamente con aceite de linaza o de oliva y con cera pura de abeja

# LOS JUGUETES

La elección de juguetes es primordial, porque todos los bebés y los niños pequeños se los meten con frecuencia a la boca y los chupan. De esta forma absorben diversas sustancias químicas, que conviene tener bien identificadas.

## Una situación que mejora

Durante mucho tiempo, la inocuidad de los juguetes, sobre todo los de importación, no se aseguró. Todavía hace seis años, según una encuesta de *60 Millions de consommateurs*, la mitad de los productos estudiados contenía sustancias químicas indeseables. Parece que la situación ha mejorado en la actualidad, aun cuando puede haber fraudes y medidas de control que continúen siendo insuficientes. Las marcas hacen el esfuerzo de mejorar la calidad, pero los consejos básicos que presentemos a continuación no están de más.

| Naturaleza del juguete | Recomendaciones |
|---|---|
| Plástico | No suelen tener ftalatos* ni suavizantes (los más peligrosos y los que corren peligro de migrar). El bisfenol A,* asimismo, está prohibido en teoría, pero pregunta bien al vendedor. Elige los juguetes sin PVC* y sin ftalatos. |
| Tela (muñecos, peluche) | Elige los que no contengan perfumes, y en condiciones ideales, lávalos dos veces antes de usarlos. Da preferencia a los de algodón orgánico. Los peluches de pelo largo pueden contener además retradantes de llamas* y polibromados.* Ve los sellos de certificación en la tabla siguiente. |
| Madera | Da preferencia a los juguetes de madera maciza en bruto, idealmente no tratados o que tengan barniz ecológico y resistente a la humidificación por saliva. |
| Metal | Cuidado con posibles sorpresas en cuanto a inscripciones en el metal, ya que se han descubierto metales pesados (cadmio,* plomo,* entre otros) en juguetes. |

La elección de juguetes implica auténticas estrategias, de modo que ¡sé prudente! Adquiérelos en una tienda de juguetes donde el vendedor se encuentre lo suficientemente bien informado para proporcionarte consejos pertinentes. Algunos sellos de certificación pueden ayudarte, así como WECF, sitio de mujeres europeas comprometidas con un medioambiente más sano, donde podrás encontrar información sobre la composición de los juguetes (www.wecf.eu). Cuando tu niño crezca, consulta el sitio www.greenpeace.org/electronics para el caso de los juguetes electrónicos.

## Para elegir bien

| Logotipo | Principales sellos de certificación* |
|---|---|
| | NF Environnement |
| | EU Ecolabel, Ecolabel europea |
| | GOTS (para los juguetes de tela y de peluche) |
| | SPIEL GUT+ (no contienen sustancias químicas como el PVC) |
| | GS+ (garantiza el respecto a la legislación) |

Certificación **Öeko-Tex Standard 100 y 1000** (para los juguetes de tela y de peluche).

| Logotipo | Otros sellos de certificación* (ambientales, para los juguetes de madera) |
|---|---|
| | PEFC (Programa de Reconocimiento de Certificaciones de la Gestión Forestal). |
| | FSC (Forest Stewardship Council). |

# ROPA DE VESTIR Y ROPA DE CAMA

## Precauciones indispensables

La primera regla para la ropa es lavarla dos veces antes de ponérsela a tu bebé. No utilices las que contengan elementos plastificados (sobre todo las pijamas), porque pueden incluir fltalatos,* y la piel del bebé es particularmente permeable a los compuestos químicos. En cuanto a las camisetas y a la ropa interior, da preferencia a las de algodón procedente de la agricultura biológica y que tengan certificación.

| Logotipo | Principales sellos de certificación* |
|---|---|
| | EU Ecolabel, Ecolabel européen |

| Logotipo | Principales sellos de certificación* |
|---|---|
| | GOTS (Global Organic Textile Standard), orgánico |
| | Naturtextil |

**Certificación Öeko-Tex Standard 100 y 1000** (para los juguetes de tela y de peluche).

**Para la ropa de cama,** elige **colchones 100% de látex natural** y orgánico, y almohadas de la misma categoría (almohada para bebé de látex 100% natural y orgánico).

# PRECAUCIONES PARA LA LIMPIEZA

El método es similar al que hemos descrito en capítulos precedentes.

Para los revestimientos de piso, comienza con un barrido húmedo con una escoba de microfibras humedecidas. Según el tipo de piso, podrás utilizar después jabón negro de África (por lo general medio tapón dosificados para una cubeta de agua). El agua del enjuague debe ser muy pura.

Para el polvo de la cabecera de la cama y de los muebles, utiliza un trapo de microfibras y haz la limpieza en seco. De vez en cuando, añade un poco de agua jabonosa, pero no utilices ningún producto en atomizador cuyas gotitas podría inhalar tu bebé.

Para los vidrios, un trapo seco de microfibras eliminará la mayor parte del polvo de interiores y de exteriores.

Lava los cojines en la lavadora. Ten cuidado de no haber adquirido cojines con microesferas de poliéster.

Evita colocar demasiados muñecos de peluche alrededor de la cama del bebé, y da preferencia a los que son lavables en lavadora, de acuerdo con la etiqueta, con productos suaves.

Cambia periódicamente el protector del colchón (de algodón orgánico y no sintético), y lávalo a 60 °C mínimo en la lavadora. Da preferencia a las sábanas de algodón con sellos de certificación.*

# Cuarto de lavado

## Detergentes, productos de limpieza e inodoro

# En el cuarto de lavado

1. **Productos de limpieza:** El vinagre blanco, el bicarbonato de sodio y el jabón de Marsella son indispensables.

2. **Trapo:** El de microfibras en seco es ideal para eliminar el polvo. Puedes también humedecerlo para limpiar. Ten un trapo especial para la limpieza del inodoro.

3. **Detergentes:** El jabón de Marsella líquido y los detergentes certificados son los más sencillos de utilizar.

No tienes que contar necesariamente con un cuarto de lavado, ya que tal vez instalaste la lavadora en el baño o en la cocina. No importa la localización de tus aparatos electrodomésticos, los consejos son los mismos. Para evitar zonas húmedas y moho, no olvides airear adecuadamente el lugar.

## PARA PRODUCTOS TEXTILES

| Función | Productos |
|---|---|
| Desengrasador en seco | Arcilla absorbente en polvo, para absorber las manchas grasosas de mantequilla, de aceite, etc., en diferentes telas, sobre todo en manteles y servilletas. |
| Tratamiento de manchas difíciles de quitar antes de meter a la lavadora | Remojar previamente con jabón de Marsella líquido o en hojuelas. Para las manchas de tinta, agrega un poco de alcohol de 90%. |
| Lavado | Jabón de Marsella líquido, detergentes certificados y algunas marcas.[+] |
| Suavizantes de telas | Vinagre blanco:[*] Vierte un cuarto de taza en la lavadora, lo cual reavivará los colores. Utilízalo alternando con un poco de bicarbonato[*], que añadirás directamente al tambor, para limitar la corrosión de la tubería. |

| Función | Producto |
|---|---|
| Alternativa para los detergentes | La cáscara de las semillas del árbol jaboncillo (*Sapindus mukorossi*) contienen saponina (seis cáscaras y media de semillas por lavado), sobre todo las de ace Artisans du Monde, así como las ecobolas (bolas para lavadora), tipo las Biowashball. Esto evita el uso de detergente en las telas poco manchadas, y son métodos clásicos para el lavado de la ropa del bebé y de mamás alérgicas. |
| Fijador de colores | Sales marinas, que se añaden en el enjuague para fijar los colores, sobre todo en el caso de ropa nueva y de algodón. |

+ Sellos de certificación, más adelante. Marcas a utilizar: L'Arbre vert®, Ecover® y Sonett®.*[1] Igualmente puedes utilizar: Persil o %® y Le Chat o %® sin perfume, sin colorantes, sin conservadores (no todos los productos de estas marcas tienen estas propiedades). Para el jabón de Marsella, el jabón negro de África y el vinagre blanco, revisa pp. 149 y 154

También puedes preparar tu propio detergente, con jabón de Marsella, utilizando un jabón sólido auténtico para raspar. Le puedes añadir gotas de aceite esencial de limón y verter el jabón en agua hirviendo. Mezcla y deja todo cuajar durante 24 horas. Históricamente se utilizaba también el detergente de ceniza de madera, ya que la potasa que contenía le confería poder desengrasante.

## Para elegir bien

(Para las características de estos sellos, véase pp. 175-176)

| Logotipo | Principales sellos de certificación* |
|---|---|
| EU Ecolabel www.ecolabel.eu | EU Ecolabel, Ecolabel europeo |

[1]  En México, las marcas disponibles que ofrecen opciones en este sentido son Einsbledt®, Seventh Generation® y.Newen® [N. de E.].

| Logotipo | Principales sellos de certificación* |
|---|---|
| ECODÉTERGENT | Ecocert Ecodétergent |
| NATURE & PROGRES | Nature et Progrès |
| NF ENVIRONNEMENT | NF Environnement |

Todas las marcas de detergentes verdes (L'Arbre vert®, Ecover®, Etamyne du Lys®, entre otros) deben diluirse mucho más de lo que dice la etiqueta.

# PARA LOS PRODUCTOS DE LIMPIEZA

| Limpieza | Productos |
|---|---|
| Piso | Vinagre blanco* diluido en una cubeta de agua (un cuarto de taza para una cubeta de diez litros), bicarbonato de sodio* o jabón negro puro. Secar bien, y tener cuidado de no resbalarse. |
| Armario | Auténtico jabón líquido de Marsella. |
| Lavadora | Mezcla de agua tibia y de vinagre blanco.* Humedece una esponja y retira los depósitos y el exceso de cal que se ha acumulado, en particular en el vidrio lateral de las máquinas con tambor. Desmonta las bandejas y déjalas remojar en una solución de bicarbonato. |

# EL INODORO

Es importante que no uses productos sintéticos para el inodoro, en particular desodorantes perfumados, porque muchos de ellos contienen compuestos cuestionables en lo que se refiere a efectos en la salud de la embarazada y del embrión (sobre todo el formaldehído*).

Aun cuando no sea más que un lugar de paso, los inodoros suelen encontrarse en un lugar cerrado. Por ello, utilizar sustancias potencialmente tóxicas no es la solución, ya que, en atomizador, penetran en el cuerpo muy fácilmente a través de la inhalación de las pequeñas gotas en suspensión. Airear continúa siendo el método más fácil, el más eficaz y el menos peligroso.

## Productos para la limpieza

Ninguno de los productos convencionales nos agrada, pues tienen alta concentración de sustancias indeseables, y mientras estés embarazada debes evitar el contacto con los blanqueadores. Estos productos suelen utilizarse erróneamente, porque bastan solo algunas gotas (de 4 a 5) para una cubeta de agua de diez litros, en tanto que suelen verterse cantidades mucho mayores. Los métodos alternativos son sencillos, y pueden llevarse a la práctica fácilmente.

| Limpieza | Productos y método |
|---|---|
| Tapa del inodoro | Trapo de microfibras; utilízalo únicamente para la tapa. Humedécelo con una mezcla de bicarbonato* diluido con algunas gotas de limón. |
| Taza | Mezcla una cucharada sopera de bicarbonato de sodio y un pequeño vaso de vinagre blanco.* Vierte la mezcla en la taza por la tarde y deja actuar (va a hacerse espuma). |
| Pisos | Jabón negro líquido. Después de enjuagar, pasa un poco de agua con bicarbonato, para que absorba los olores. |
| Picaportes e interruptores | Usa una toallita húmeda de microfibras, a la cual habrás agregado algunas gotas de vinagre blanco. |

Para **desodorizar**, vierte algunas gotas de aceite esencial de limón o de lavanda (cuando no se es alérgico a estos productos) en un guijarro de playa. Repite el proceso aproximadamente cada diez días. No vale la pena añadir cantidades más abundantes, ya que podrían ocasionar irritaciones.

# Bibliografía

## Alimentation

Aperberg B.J. *et al.*, "Cord concentrations of perfluorooctane sulfona-te (PFOS) and perfluorooctanoate (PFOA) in relation to weight and size at birth", *Environmental Health Perspectives*, 115(11), 2007 nov, pp. 1670-1676.

Bao W. *et al.*, "Pre-pregnancy fried food consumption and the risk of gestational diabetes mellitus: A prospective cohort study", *Diabetologia*, 57(12), 2014 dic, pp. 2485-2491.

Chevallier L., *Les 100 meilleurs aliments pour votre santé et la planète*, Le Livre de Poche, París, 2010.

Christian P., "Maternal micronutrient deficiency, fetal development, and the risk of chronic disease", *The Journal of Nutrition*, 140(3), 2010 mar, pp. 437-445.

Clapp J.F., "Maternal carbohydrate intake and pregnancy outcome", *Proceedings of the Nutrition Society*, 81(1), 2002 feb, pp. 45-60.

Doege K. *et al.*, "Impact of maternal supplementation with probio-tics during pregnancy on atopic eczema in childhood: A meta-analysis", *British Journal of Nutrition*, 07(1), 2012 ene, pp. 1-6.

Duarte-Salles T. *et al.*, "Dietary acrylamide intake during pregnancy and fetal growth: Results from the Norwegian mother and child cohort study", *Environmental Health Perspectives*, 121(3), 2013 mar, pp. 374-379.

Fernandes O. *et al.*, "Moderate to heavy caffeine consumption during pregnancy and relationship to spontaneous abortion and abnormal fetal growth: A meta-analysis", *Reproductive Toxicology*, 12(4), 1998 ago-jul, pp. 435-444.

Helland I.D. *et al.*, "Maternal supplementation with very-long-chain n-3 fatty acids during pregnancy and lactation augments children's IQ at 4 years of age", *Pediatrics*, 2003, 111.1.e39.

Hibbeln J.R. *et al.*, "Maternal seafood consumption in pregnancy and neurodevelopmental outcomes on childhood (alspac study): An observational cohort study", *The Lancet*, vol. 369, 2007 feb.

Hilakivi-Clarke L., "A maternal diet high in n-6 polyunsaturated fats alters mammary gland development, puberty onset and breast cancer risk among female rat offspring", *Proceedings of the Nutritional Academy of Sciences of the United States of America*, 94(17), 1997 ago, pp. 9372-9377.

Hu E.A., "White rice consumption and risk of type 2 diabetes: Meta-analysis and systemic review", *British Medical Journal*, 15, 344, 2012 mar, e1454.

Jedrychoski W. *et al.*, "Impact of barbecued meat consumed in pregnancy on birth outcomes for personal exposure to airborne polycyclic aromatic hydrocarbons: Birth cohort study in Poland", *Nutrition*, 28(4), 2012 abr, pp. 372-377.

Litonjua A.A. *et al.*, "Maternal antioxidant intake in pregnancy and wheezing illnesses in children at 2 y of age", *American Journal of Clinical Nutrition*, 84(4), 2006 oct, pp. 903-911.

Mericq V. *et al.*, "Maternally transmitted and food-derived glycotoxins: A factor preconditioning the young to diabetes?", *Diabetes care*, 33(10), 2010 oct, pp. 2232-2237.

Romieu I. *et al.*, "Fish intake during pregnancy and atopy and asthma in infancy", *Clinical & Experimental Allergy*, 37, 2007 abr, pp. 518-525.

Sausenthaler S., "Maternal diet during pregnancy in relation to eczema and allergic sensitization in the offspring at 2 of age", *American Journal of Clinical Nutrition*, 85(2), 2007 feb, pp. 530-537.

Thijs C. *et al.*, "Fatty acids in breast milk and development of atopic eczema and allergic sensitization in infancy", *Allergy*, 66(1), 2011 ene, pp. 58-67.

## Pesticidas

Brender J. *et al.*, "Dietary nitrites and nitrates, nitrosatable drugs and neural tube defect", *Epidemiology*, 15(3), 2004 may, pp. 330-336.

Delabaere A. *et al.*, "Épidémiologie des pertes de grossesse", *Journal de gynécologie obstétrique et biologie de la reproduction*, 43(10), 2014 dic, pp. 764-775.

Gonsalez-Alsaga B. *et al.*, "A systematic review of neurodevelopmental effects of prenatal and postnatal organophosphate pesticide exposure", *Toxicololy Letters*, 2013 oct, 230(2), pp. 104-121.

Ma X. *et al.*, "Critical windows of exposure to household pesticides and risk of childhood leukemia", *Environmental Health Perspectives*, 110(9), 2002 sep, pp. 955-960.

Melgarejo M. *et al.*, "Associations between urinary organophosphate metabolite levels and reproductive parameters in men from an infertility clinic", *Environmental Research*, 137, 2015 feb, pp. 292-298.

Petit C., "Étude de l'association entre l'exposition environnementale aux pesticides et la croissance foetale, en prenant en compte les sources multiples d'exposition", *Ecole doctorale Vie-agro-santé*, Rennes, 2011.

Rauh V. *et al.*, "Brain anomalies in children exposed prenatally to a common organophosphate pesticide", *Proceedings of the National Academy of Sciences USA*, 15, 109(20), 2012 may, pp. 7871-7876.

Rauh V. *et al.*, "Seven-year neurodevelopmental scores and prenatal exposure to chlorpyrifos, a common agricultural pesticide", *Environmental Health Perspectives*, 119(8), 2011 ago, pp. 1196-1201.

Teilbaum S. *et al.*, "Reported residential pesticide use and breast cancer risk on Long Island", *American Journal of Epidemiology*, 165(6), 2007, pp. 643-651.

Viel J.F. *et al.*, "Pyretroid insecticide exposure and cognitive developmental disabilities in children: The pelagie mother-child cohort", *Environment International*, 82, 2015 sep, pp. 69-75.

Young J. *et al.*, "Association between in utero organophosphate pesticide exposure and abnormal reflexes in neonates", *NeuroToxicology*, 62(2), 2005 mar, pp. 199-209.

## Contaminantes químicos diversos

Acevedo N. *et al.*, "Perinatally Bisphenol A as a potential mammary gland carcinogen in rats", *Environmental Health Perspectives*, 121(9), 2013 sep, pp. 1040-1046.

Braun J.M. *et al.*, "Gestational exposure to endocrine-disrupting chemicals and reciprocal social, repetitive, and stereotypic behaviors in 4-and 5-year-old children", *Environmental Health Perspectives*, 122(5), 2014 may, pp. 513-520.

Buck Louis G.M. *et al.*, "Urinary bisphenol A, phthalates, and couple fertility and the environment (LIFE) study", *Fertility and Sterility*, 101(5), 2014 may, pp. 1359-1366.

Carlstedt F. *et al.*, "pvc flooring is related to human uptake of phthalates in infants", *Indoor Air*, 23(1), 2013 feb, pp. 32-39.

Casas M. *et al.*, "Maternal occupation during pregnancy, birth weight, and length of gestation: Combined analysis of 13 European birth control", *Scandinavian Journal of Work, Environmental and Health*, 41(4), 2015 jul, pp. 384-396.

Chen A. *et al.*, "Prenatal Polybrominated Diphenil Ether exposures and neurodevelopment in U.S. children through 5 years of age: The Home study", *Environmental Health Perspectives*, 122(8), 2014 ago, pp. 856-862.

Chevrier J. *et al.*, "Polybrominated Diphenil Ether (pbde) flame retardants and thyroid hormone during pregnancy", *Environmental Health Perspectives*, 110(10), 2010 oct, pp. 1444-1449.

Chevrier J. *et al.*, "Maternal urinary Bisphenol A during pregnancy and maternal and neonatal thyroid function in the chamacos study", *Environmental Health Perspectives*, 121(1), 2013 ene, pp. 138-144.

Eriksson G.J., "Catch-up growth in childhood and death from coronary heart disease: Longitudinal study", *British Medical Journal*, 318(7181), 1999 feb 17, pp. 427-431.

Howdeshell K. *et al.*, "Environmental toxins: Exposure to Bisphenol A advances puberty", *Nature*, 1999 oct, 401, pp. 763-764.

Huang P.C. *et al.*, "Association between prenatal exposure to phthalates and the health of newborns", *Environment International*, 35(1), 2009 ene, pp. 14-20.

INERIS, "Grossesse et champs électromagnétiques", 2011 jul, ED 4216.

Jurewicz J. *et al.*, "Exposure to phthalates: Reproductive outcome and children health. A review of epidemiological studies", *International Journal of Occupational and Environmental Health*, 24(2), 2011 jun, pp. 115-141.

Kayama F. *et al.*, "Potential effects of alkyl phenols in Japan", *Journal of the Japan Medical Association*, 46(3), 2003, pp. 108-114.

Kim J.T., "Partitioning behavior of heavy metals and persistent organic pollutants among feto-maternal bloods and tissues", *Environmental Science & Technology*, 49(12), 2015 jun 16, pp. 7411-7422.

Kirchner S. *et al.*, "Prenatal exposure to the environmental obesogenic tributyltin predisposes multipotent stem cells to become adipocytes", *Molecular Endocrinology*, 24(3), 2010 mar, pp. 526-539.

Koeppe E.S. *et al.*, "Relationship between urinary triclosan and paraben concentrations and serum measures in nhanes 2007-2008", *Science of Total Environment*, 445-446, 2013 feb 15, pp. 299-305.

Li De Kun *et al.*, "A Population based prospective cohort study of personal exposure to magnetic fields during pregnancy and the risk of miscarriage", *Epidemiology*, 13(1), 2002 ene, pp. 9-20.

Main K.M. *et al.*, "Human breast milk contamination with phthalates and alteration of endogenous reproductive hormones in infants three months of age", *Environmental Health Perspectives*, 114(2), 2006 feb, pp. 270-276.

Miao M. *et al.*, "In utero exposure to Bisphenol A and its effects on birth weight of offspring", *Reproductive Toxicology*, 32(1), 2011 jul, pp. 64-68.

Oishi S. *et al.*, "Effects of propyl paraben on the male reproductive system", *Food and Chemistry Toxicology*, 40(12), 2002 dic, pp. 1807-1813.

Rees Clayton E.M., "The impact of Bisphenol A and Triclosan on immune parameters in the U.S. population, nhanes 2003-2006",

*Environmental Health Perspectives*, 119(3), 2011 mar, pp. 390-396.

Rochester L.R. *et al.*, "Bisphenol S and F: A systematic review and comparison of the hormonal activity of bisphenol A substitutes", *Environmental Health Perspectives*, 123(7), 2015 jul, pp. 643-650.

Routledge E.J. *et al.*, "Some Alkyl Benzoate preservatives (parabens) are estrogenic", *Toxicology and Applied Pharmacology*, 153(1), 1988 nov, pp. 12-19.

Rodriguez P.E.A. *et al.*, "Maternal exposure to triclosan impairs thyroid homeostasis and female pubertal development in wistar rat offspring", *Journal of Toxicology and Environmental Health*, 73(24), 2010, pp. 1678-1688.

Schmutzler C. *et al.*, "The ultraviolet filter benzophenone 2 interferes with the thyroid hormone axis in rats and is a potent in vitro inhibitor of human recombinant thyroid peroxidase", *Endocrinology*, 148(6), 2007 jun, pp. 2835-2844.

Slama M., "Maternal personal exposure to benzene during pregnancy and intrauterine growth", *Environmental Health Perspectives*, 117(8), 2009 ago, pp. 1313-1321.

Song M. *et al.*, "Changes in thyroid peroxidase activity in response to various chemicals", *Journal on Environmental Monitoring*, 14, 2012, pp. 2121-2126.

Soni M.G. *et al.*, "Evaluation of the health aspects of methyl paraben: A review of the published literature", *Food and Chemical Toxicology*, 450(10), 2002 oct, pp. 1335-1373.

Swan S.H. *et al.*, "Prenatal phthalate exposure and reduced masculine play in boy", *International Journal of Andrology*, 33(2), 2010 abr, pp. 259-269.

Telisman S. *et al.*, "Semen quality and reproductive endocrine function in relation to biomarkers of lead, cadmium, zinc, and copper in men", *Environmental Health Perspectives*, 108(1), 2000 ene, pp. 45-53.

Thimoty S.P. *et al.*, "Children exposed to two chemicals in plastics have elevated risk of asthma-related airway inflammation", *Mailman School of Public Health*, 2012 sep.

Towers C.V. *et al.*, "Transplacental passage of antimicrobial paraben preservatives", *Journal of Exposure Science and Environmental Toxicology*, 2015 may 6, doi: 10.1038/jes2015.27.

Vom Saal F.S. *et al.*, "A physiologically based approach to the study of Bisphenol A and other estrogenic chemicals on the size of reproductive organs, daily sperm production, and behavior", *Toxicology and Industrial Health*, 14(1-2), 1998 ene, pp. 239-260.

Yin M.M. *et al.*, "Paternal treadmill exercise enhances spatial learning and memory related to hippocampus among male offspring", *Behavioral Brain Research*, 253, 2013 sep, pp. 297-304.

Zee C. *et al.*, "Impact of endocrine disrupting chemicals on birth outcomes", *Gynécologie, Obstétrique & Fertilité*, 2013 oct, 41(10), pp. 601-610.

## Cosméticos

Kaibeck J., *Adoptez la slow cosmétique*, Éditions Quotidien Malin, París, 2014.

Wittner L., H. Le Héno, *Guide des meilleurs cosmétiques*, Éditions Médicis, París, 2014.

## Tabaco, alcohol, cannabis

Buka L. *et al.*, "Elevated risk of tobacco dependence among offspring of mothers who smoked during pregnancy: A 30 years prospective study", *American Journal of Psychiatry*, 160(11), 2013 nov, pp. 1978-1984.

Castles A. *et al.*, "Effects of smoking during pregnancy: Five meta-analyses", *American Journal of Preventive Medicine*, 16(3), 1999 jul, pp. 208-215.

Cicero T.J. *et al.*, "Effects of paternal exposure to alcohol on offspring development", *Alcohol*, 18(1), 1994, pp. 37-41.

Cook D.G., D. Strechan, "Health effects of passive smoking. 3. Parental smoking and prevalence of respiratory symptoms and asthma in school age children", *Thorax*, 62, 1997, pp. 1081-1094.

Finegersh A., "Drinking beyond a lifetime: New and emerging insights into paternal alcohol exposure on subsequent generations", Alcohol, 49(5), 2015 ago, pp. 461-470.

Gunn J. *et al.*, "Effects of prenatal cannabis exposure on fetal development and pregnancy outcomes: A systematic review and meta-analysis", *American Public Health Association*, 2015 nov.

Hackshaw A. *et al.*, "Maternal smoking in pregnancy and birth defects: A systematic review based on 173 687 malformed cases and 11.7 million controls", *Human Reproduction Update*, 17(5), 2011 oct, pp. 589-604.

Hingson R., "Effects of maternal drinking and marijuana use on fetal growth and development", *Pediatrics*, 70(4), 1982 oct, pp. 539-546.

Huizink A.C. *et al.*, "Prenatal cannabis exposure and infant outcomes: Overview of studies", *Progress in Neuro-Psycopharmacology & Biological Psychiatry*, 52, 2013 jul 3, pp. 45-52.

Jaddoe V. *et al.*, "Moderate alcohol consumption during pregnancy and the risk of low birth weight and preterm birth. The generation R study", *Annals of Epidemiology*, 17(10), 2007 oct, pp. 834-840.

Juras-Aswad D. *et al.*, "Neurobiological consequences of maternal cannabis on human fetal development and in neuropsychiatric outcome", *European Archives of Psychiatry and Clinical Neuroscience*, 259(7), 2009 oct, pp. 395-412.

Koshy G. *et al.*, "Dose response association of pregnancy cigarette smoke exposure, childhood stature, overweight and obesity", *The European Journal of Public Health*, 21(3), 2010 dic, pp. 286-291.

Langley K. *et al.*, "Maternal and paternal smoking during pregnancy and risk of adhd symptoms in offspring: Testing for intrauterine effects", *American Journal of Epidemiology*, 176(3), 2012 jul, pp. 261-268.

Little R.E. *et al.*, "Fetal growth and moderate drinking in early pregnancy", *American Journal of Epidemiology*, 123(2), 1986, pp. 270-278.

Mamun A.A. *et al.*, "Maternal smoking during pregnancy predicts adult offspring cardiovascular risk factors: Evidence from a community-based large birth cohort study", *PLOS One*, 7(7), 2012, e41106.

Myrna M., "Maternal smoking during pregnancy and psychopathology in offspring followed to adulthood", *Journal of the American Academy of Child & Adolescent Psychiatry*, 38(7), 1999 jul, pp. 892-899.

Pagani L. *et al.*, "Prospective associations between early long-term household tobacco smoke exposure and subsequent indicators of metabolic risk at age 10", *Nicotine &Tobacco Research*, 2015 jun, pii: ntv 128.

Richardson G.A. *et al.*, "Prenatal alcohol and marijuana exposure: Effects on neuropsychological outcomes at 10 years", *Neurotoxicology and Teratology*, 24(3), 2002 may-jun, pp. 309-320.

Streissguth A.P. *et al.*, "Moderate prenatal alcohol exposure: Effects on child IQ and learning problems at age 7 ½ years", *Alcohol*, 14(5), 1990 oct, pp. 662-669.

Vassoler F.M. *et al.*, "The impact of exposure to addictive drugs on future generations: Physiological and behavioural effects", *Neuropharmacology*, 76 Pt B, 2014 ene, pp. 269-275.

## Contaminación del aire

Aguilera I. *et al.*, "Early-life exposure to air pollution and respiratory health, ear infections, and eczema in infants from the inma study", *Environmental Health Perspectives*, 121(3), 2013 mar, pp. 387-392.

Faiz A.S. *et al.*, "Components of air pollution may increase the risk of stillbirth", *American Journal of Epidemiology*, 175(2), 2012 ene 15, pp. 108-110.

Fleicher N.L. *et al.*, "Outdoor air pollution, preterm birth, and low birth weight: Analysis of the World Health Global Survey on maternal and perinatal health", *Environmental Health Perspectives*, 122(4), 2014 abr, pp. 425-430.

Lucchini R.G. *et al.*, "Inverse associations of intellectual function with very low blood lead but not with manganese exposure in Italian adolescents", *Environmental Research*, 118, 2012 oct, pp. 65-71.

Rappazzo K. *et al.*, "Exposure to fine particulate matter during pregnancy and risk of preterm birth among women in New Jersey, Ohio and Pennsylvania, 2000-2005", *Environmental Health Perspectives*, 122(9), 2014 sep, 992-997.

Right J.P. *et al.*, "Association of prenatal and childhood blood lead concentration with criminal arrests in early adulthood", *PLOS Medicine*, 5(5), 2008, e101.

Stieb D.M. *et al.*, "Ambient air pollution, birth weight and pre-term birth: A systematic review and meta-analysis", *Environmental Research*, 117, 2012 ago, pp. 100-111.

## Diversos

Chevallier L., *Le Livre antitoxique*, París, Fayard, 2013.

Collectif, *Le Guide Terre vivante de l'habitat sain et naturel*, Mens, Éditions Terre Vivante, 2014.

INSERM, *Reproduction et environnement*, Expertise Collective, Éditions INSERM, 2011.

Institut de Veille Aanitaire (Invs), *Moisissures dans l'air intérieur et santé*, núm. 27, 2005 dic.

Krista F. *et al.*, "Preterm birth and antidepressant medication use during pregnancy", *PLOS One*, 9(3), 2014 mar, e92778.

Lacroix I. *et al.*, "Prescription of drugs during pregnancy: A study using effemeris, the new French database", *European Journal of clinical Pharmacology*, 65, 2009, pp. 839-846.

Yin M.M. *et al.*, "Paternal treadmill exercise enhances spatial learning and memory related to hippocampus among male offspring", *Behavioral Brain Research*, 253, 2013 sep, pp. 297-304.

Hors-série *60 Millions de consommateurs*, "Entretenir sa maison naturelle", núm. 178, abr-may 2015.

Hors-série *60 Millions de consommateurs*, "Consommer sans s'empoisonner", núm. 174, ago-sep 2014.

# ANEXOS

## Principales contaminantes
## y perturbadores endócrinos*

| Sustancias | Usos | Consecuencias en la reproducción | Referencias científicas |
|---|---|---|---|
| Bisfenol A* | Botellas de plástico<br>Revestimiento interior de latas de conservas y de envases de lata<br>Policarbonato<br>Resina compuesta odontológica<br>Tickets de compra | Altera el comportamiento de la descendencia<br>Niveles bajos de hormona tiroidea<br>Riesgo de aborto espontáneo<br>Riesgo de peso bajo al nacer<br>Cáncer de seno y de próstata | Sugira-Ogasawara, 2005<br>Cantowine, 2010<br>Wolstenholme, 2013<br>Chevrier, 2013<br>Nishikawa, 2003 |

| Sustancias | Usos | Consecuencias en la reproducción | Referencias científicas |
|---|---|---|---|
| Ftalatos* | Materiales plásticos, entre los que se encuentran el PVC* y la inmensa mayoría de plásticos flexibles (que incluye a los juguetes) Cosméticos Materiales médicos Revestimientos de pisos Pinturas Pegamentos | Disminución de la calidad del esperma Modificación del nivel de las hormonas de la reproducción Modificación del comportamiento Feminización de los varones Mayor riesgo de asma Riesgo de peso bajo al nacer | Jurewicz, 2011 Lien, 2015 Thimothy, 2012 Swan, 2009 Lenters |
| Parabenos* | Aditivos alimentarios (E214 a E219) Cosméticos Medicamentos | Efecto estrogénico Antitiroideo | Routeledge, 1998 Koeppr, 2013 Thuy, 2010 |
| Triclosán* | Cosméticos Dentífricos Utensilios de cocina Productos de limpieza Textiles | Efecto antiestrogénico Disminución de las hormonas tiroideas Mayor riesgo de alergias y de rinitis alérgica | Koeppe, 2013 Clyton, 2011 |
| Filtros anti-UV (benzofedonas y otros) | Protector solar Algunos cosméticos | Trastornos en la reproducción | Schmutzler, 2006 Song, 2012 |
| Retardantes de llamas* (PBDE) | Sofás, colchones Telas Televisores Material informático Algunos juguetes | Obesidad Alteración del comportamiento Disminución de hormonas tiroideas | Chevrier, 2010 Suvorof, 2009 |
| Alquilfenoles* | Productos de limpieza Cosméticos Plaguicidas Pinturas | Efecto estrogénico (alteración del equilibrio hormonal) | Kayama, 2003 |

| Sustancias | Usos | Consecuencias en la reproducción | Referencias científicas |
|---|---|---|---|
| PFOA, PFOS | Revestimiento antiadherente de sartenes y otros utensilios de cocina. Ropa y otras telas impermeables | Peso bajo al nacer Probablemente cancerígeno | Apelberg, 2007 |

## Plaguicidas implicados de manera importante por sus efectos en el embarazo y en el desarrollo del bebé[1]

| Exposición | Efectos | Relación sospechada |
|---|---|---|
| **Organoclorados** | | |
| P, p'-DDE | Aumento ponderal | ++ |
| | Desarrollo neuronal | +/− |
| HCB | Aumento ponderal | + |
| Clordecona | Desarrollo neuronal | + |
| **Organofosforados** | | |
| Sin distinción | Desarrollo neuronal | ++ |
| | Crecimiento fetal | + |
| | | Interacción con Pon1[2] |
| Metilparatión, | Desarrollo neuronal | + |
| Malatión, clorpirifos | | Interacción con Pon1 |
| **Triazinas** | | |
| Sin distinción | Muerte fetal | +/− |
| | Malformaciones congénitas | +/− |
| Atrazina | Crecimiento fetal | + |

[1]  S. Cordier, INSERM U1085-IRSET Rennes AN 30 enero 2014, Expertise collective INSERM: Impact de l'exposition prénatale aux pesticides sur la grossesse et le développement de l'enfan.

[2]  Gen PON1 codificador de proteínas.

| Exposición | Efectos | Relación sospechada |
|---|---|---|
| **Carbamatos/tiocarbamatos** | | |
| Sin distinción | Muerte fetal | +/− |
| Propoxir | Desarrollo neuronal | + |
| | Crecimiento fetal | + |
| **Fenoxiherbicidas** | | |
| Sin distinción | Muerte fetal | +/− |
| | Malformaciones | +/− |
| **Otros** | | |
| Glifosato | Muerte fetal | +/− |

## El estudio PELAGIE

El estudio PELAGIE (Perturbadores Endócrinos: Estudio Longitudinal de las Anomalías del Embarazo, la Esterilidad y la Infancia) se realizó para dar respuesta a las preocupaciones sobre la salud, en particular la de los niños, debido a la presencia diaria de compuestos tóxicos en nuestro medioambiente.

Consta del seguimiento de cerca de 3 500 madres e hijos realizado en Bretaña desde el año 2002.

Partía de la sugerencia de que la exposición prenatal a contaminantes* (solventes* y plaguicidas) afecta el desarrollo intrauterino. En la actualidad se encuentra en proceso la evaluación de las consecuencias en el desarrollo del niño.

Los resultados que se han publicado confirman el efecto negativo de varios contaminantes en el desarrollo del embarazo, particularmente el de la atrazina, un herbicida que antes se utilizaba ampliamente. En un estudio publicado en septiembre de 2015, se concluyó que ha habido un aumento en la frecuencia de otitis entre niños cuyas madres estuvieron expuestas a la atrazina y a plaguicidas organofosforados durante el embarazo, y una disminución de esta frecuencia en niños cuyas madres se alimentaron con comida orgánica durante el embarazo.

## Composición de productos orgánicos en relación con productos convencionales

Según los resultados del metaanálisis más completo (balance de 343 estudios comparativos), y el más reciente (2014) sobre este tema,[3] los productos orgánicos contienen:

- 19% a 69% más antioxidantes (principalmente polifenoles)
- cuatro veces menos plaguicidas
- 50% menos cadmio*
- menos nitratos y nitritos
- más carotenoides (+17%)
- más vitamina C (+6%)

**Sobrepeso, obesidad y aporte nutricional de consumidores de productos orgánicos en relación con consumidores convencionales (con igual aporte calórico y nivel de ejercicio físico)**

- Riesgo de sobrepeso (mujeres) ............................... –42%
- Riesgo de sobrepeso (hombres) ............................ –36%
- Riesgo de obesidad (mujeres) ............................... –62%
- Riesgo de obesidad (hombres) ............................. –48%
- Aportes de vitaminas ...................................... +10 a 20%
- Aportes de ácidos grasos omega 3 ......................... + 20%

E. Jesse-Guyot *et al*., "Profiles of organic food consumers in a large sample of French adults: Results from the Nutrinet-Santé cohort study", *PloS One*, 8(10), 18 de octubre 2013, e76998.

---

[3]  M. Baranski *et al*., "Higher antioxidant and lower cadmium concentrations and lower incidence of pesticide residues in organically grown crops, a systematic literature review and meta-analyses", *B J Nutrition*, 26, 2014 Jun, pp. 1-18.

## Para saber más de los nitratos

En todos los ayuntamientos puedes informarte del contenido de nitratos en el agua de la llave. Si es superior a 10 mg/l, es preferible que bebas agua embotellada, por lo menos mientras dura el embarazo. Igualmente, deberás preparar los biberones con agua que contenga pocos nitratos.

A diferencia de los plaguicidas, los nitratos son sustancias naturales e indispensables para el crecimiento de las plantas. **Su presencia en alimentos**, y sobre todo en verduras, es por consiguiente normal. Lo que no es normal es cuando el contenido de nitratos de ciertas verduras es en extremo elevado, pudiendo exceder en 2 000 mg/kg en muchas verduras, y hasta 4 000 en los rábanos; es decir, ¡ochenta veces más que el máximo tolerado para el agua potable! Es también anormal encontrar nitratos, más allá de la presencia de trazas, en el agua. Si esta presencia es frecuente, particularmente en las regiones de agricultura y de ganadería intensiva, puede sobrepasar el límite de 50 mg/l, que es un umbral más allá del cual el agua ya no se considera potable. Clásicamente se ha admitido que el exceso de nitratos presenta dos tipos de riesgos: algunos cánceres (sobre todo los relacionados con el conducto digestivo) y methemoglobinemia, únicamente en lactantes. En esta alteración, la hemoglobina se transforma en methemoglobina, que se torna incapaz de transportar oxígeno, lo cual se traduce en una coloración azul del cuerpo y, en casos extremos, puede ocasionar la muerte. Los casos de methemoglobinemia son muy raros, y por lo general se relacionan con la presencia de una infección. Sin embargo, por precaución debes evitar dar al bebé verduras ricas en nitratos y preferir las verduras orgánicas, que contienen netamente menos nitratos que las convencionales. Por otro lado, es imperativo no conservar verduras cocidas o sopas hechas a base de verduras ricas en nitratos de un día a otro, incluso en el refrigerador, ya que es un hecho que los nitratos pueden transformarse en nitritos cancerígenos.

En el caso de los **nitratos contenidos en el agua**, se ha confirmado en varios estudios el riesgo de cánceres. Otro riesgo que ha sido puesto en evidencia en estudios recientes[4] es una malformación en el nacimiento (defectos del tubo neural) cuando la madre ha bebido agua rica en nitratos. El riesgo puede surgir con contenidos de nitratos muy inferiores a los límites legales.

El efecto de los nitratos presentes en las verduras ha desatado una polémica desde hace algunos años. Es cierto que los estudios epidemiológicos que consideran la cantidad de nitratos absorbidos por los alimentos y la incidencia de cánceres del conducto digestivo no son concluyentes. Hay dos interpretaciones posibles. La primera es que los efectos benéficos de las verduras son tales que compensan en gran medida los potenciales negativos de los nitratos. La segunda es que, contrariamente a lo que la comunidad científica ha admitido apenas recientemente, los nitratos en sí mismos son benéficos y deberían, de acuerdo con ciertas opiniones, ser clasificados como nutrimentos ¡y no como contaminantes! Aunque nosotros no resolveremos este debate, pensamos que la prudencia debe ser prioritaria en el caso del agua y en el hecho de que los niños pequeños consuman verduras ricas en nitratos.

## Algunas recetas fáciles para preparar alimentos fermentados

### Preparación de idli y de dosas[5]

Estos son platos tradicionales de la India. Se preparan haciendo fermentar una mezcla de cereales, generalmente arroz, y una leguminosa.

---

[4]  J.D. Brebder *et al.*, "Prenatal nitrate intake from drinking water and selected births defects in offspring of participants in the national birth defects prevention study", *Environmental Health Perspectives*, 121(9), 2013 sep, pp. 1083-1089. Y L.A. Croen *et al.*, "Maternal exposure to nitrate from drinking water and diet and risk for neural tube defects", *American Journal of Epidemiology*, 153(4), 2001, pp. 325-331.

[5]  Recetas tomadas del libro *Cuisinons les protéines végétales*, por Emmanuelle Aubert, Le Courrier du Livre, París, 2013.

Hay dos maneras diferente de cocer la mezcla de arroz y de ejotes mungo fermentados (estos últimos pueden sustituirse por lentejas rojas). Estos platillos se consumen casi diariamente en la comida tradicional del sur de la India.

Ingredientes:

- 3 tazas de arroz
- 1 taza de lentejas rojas
- fenogreco
- sal

## Idli

Pon el arroz y las lentejas a remojar por separado, por lo menos durante cuatro o cinco horas. El agua debe llegar justo al nivel de los granos. Licua el arroz y las lentejas. Verifica la cantidad de agua, ya que la pasta no debe ser líquida. Vacía el arroz y las lentejas en una cazuela grande, añade la sal y el fenogreco, y mezcla. Coloca la cazuela en un lugar tibio durante al menos de diez a 12 horas (según la temperatura) para que la mezcla fermente. Cubre con una tapa abombada, a fin de dejar el espacio necesario para que la pasta se infle. Cuando la pasta se haya inflado y la costra adquiera un color rosado, estará lista para la cocción. Vigila la fermentación: la pasta debe inflarse uniformemente. Si no se infla así, el idli no será de buena calidad.

La cocción se hace al vapor. En las tiendas hindúes, sobre todo en París y en internet, venden vaporeras especiales para preparar idli. En su defecto, puedes utilizar moldes de cerámica, como los que se usan para escurrir el queso. Engrasa dos terceras partes o tres cuartas partes con un pincel. La pasta debe ser espumosa y esponjosa. Coloca los moldes en la vaporera. Cuece durante veinte minutos. La pasta continuará inflándose y se agrietará en la parte superior. Saca el molde de inmediato, para desmoldar con más facilidad.

Disfrútalo caliente, tal cual, o prepáralo de diferentes maneras. Puedes también cortarlo en rodajas gruesas y dorarlas por ambos lados en una sartén con aceite.

## Dosas

Los ingredientes y la preparación son los mismos que para el idli, pero, después de la fermentación, se añade agua para que la pasta quede aguada. Puedes adornar con cebollín, chalote y cebolla. Con esta pasta se elaboran crepas más o menos espesas. Puedes comerlas naturales o aderezarlas a tu gusto.

Al extender la pasta en la sartén, pueden hacerse crepas tan finas como el encaje, y son exquisitas.

## Contenido de lactosa de diferentes productos lácteos

| Producto lácteo | Contenido de lactosa (g/100 g) |
|---|---|
| Leche de oveja | 5.2 |
| Leche descremada de vaca | 4.8 |
| Leche entera de vaca | 4.6 |
| Queso blanco de leche descremada | 4.6 |
| Yogur natural de leche entera[6] | 4.4 |
| Leche de cabra | 4.0 |
| Queso blanco de leche entera | 3.6 |
| Queso de cabra | 2.0 |
| Queso de cabra refinado (tipo Chavignot) | 1.5 |
| Queso azul de leche de vaca | 1.5 |
| Queso Emmental | 0.3 |
| Queso Camembert de leche entera | 0.1 |
| Queso parmesano | 0.05 |
| Queso Comté | 0 |
| Queso Roquefort | 0 |

[6] Las bacterias de la fermentación láctica transforman la lactosa en el conducto digestivo; de ahí la buena digestibilidad de estos productos.

## Plásticos potencialmente peligrosos

| Número | Sigla | Nombre | Usos | Componentes peligrosos | Riesgos potenciales para la salud |
|---|---|---|---|---|---|
| 1 <br> | PET * O PETE | Polietileno tereftalato | Botellas de agua, de jugos de fruta, de aceite<br>Película interior de cajas de cereales<br>Recipientes para microondas<br>Frascos para cosméticos | Antimonio autorizado como catalizador | Alteraciones hormonales potenciales si utilizan antimonio |
| 3 | PVC * O V | Policloruro de vinil | Plástico antiadherible<br>Juguetes flexibles<br>Material plástico generalmente suave | Ftalatos*, grado de emigración variable de un empaque a otro (el calor aumenta el riesgo)<br>Dioxinas* | Alteraciones hormonales<br>Cánceres, leucemia |
| 6 | PS | Poliestireno | | Estireno según el grado de exposición directa (peligroso para las embarazadas en el plano profesional)<br>Aleación posible con otros elementos tipos ABS (acrilonitrilo–butadieno–estireno) con policarbonato<br>Hormonas sintéticas | Alteraciones hormonales<br>Cánceres, leucemia |

| Número | Sigla | Nombre | Usos | Componentes peligrosos | Riesgos potenciales para la salud |
|---|---|---|---|---|---|
| 7 | PC: otros plásticos | Policarbonato con bisfenol A13 | Biberones antiguos<br>Película interior de latas y de envases de conservas<br>En Francia normalmente se prohíbe que tenga contacto con los alimentos. | Bisfenos A (para algunos plásticos europeos y mundiales que tengan este código) | Alteraciones hormonales<br>Problemas de fertilidad<br>Malformaciones<br>Obesidad Diabetes<br>Cánceres |
| 2 | HDPE PE-HD | Polietileno de alta densidad | Botellas de leche<br>Frascos de cosméticos<br>Botellas de detergente<br>Productos de limpieza | Ninguno, a priori | Ninguno, *a priori* |
| 4 | LDPE O PE-LD | Polietileno de baja densidad | Sobrecitos<br>Película interior de tetrapak para alimentos<br>Bolsas de compras | Ninguno, a priori | Ninguno, *a priori* |
| 5 | PP | Polipropileno | Botes de yogur<br>Botes de margarina | Ninguno, a priori | Ninguno, *a priori* |

Esta codificación se estableció para facilitar la selección al momento del reciclaje. Sin embargo, no es perfecta, ya que es posible encontrar, en cada clase, plásticos con composición muy diferente.

## Índice glucémico de los alimentos

El índice glucémico corresponde a la capacidad de un producto alimenticio de elevar la cantidad de azúcar en la sangre (glucemia). Se recomienda consumir productos con el índice glucémico más bajo posible.

| Alimentos | Índice glucémico |
|---|---|
| Refrescos<br>Golosinas y dulces diversos<br>Galletas, pan dulce y pasteles<br>Pasteles industriales (mousses, flanes, postres lácteos azucarados)<br>Barras de chocolate<br>Miel<br>Pan de caja, pan blanco<br>Cereales en hojuelas para el desayuno[+] | Mayor a 70 |
| Azúcar o sacarosa<br>Dulces<br>Pastas cocidas<br>Arroz blanco<br>Frutos secos comerciales[+]<br>Plátanos, piñas, mangos, pasas<br>Verduras cocidas (como el betabel rojo o las zanahorias)<br>Pan integral o multigrano | Entre 70 y 40 |
| Frutas frescas (además de las ya mencionadas)<br>Verduras crudas<br>Leguminosas secas (lentejas, garbanzos)<br>Productos lácteos naturales<br>Setas | Menor a 40 |

[+] Según la marca, el índice glucémico de los productos transformados es variable. Depende, asimismo, del grado de cocción de los alimentos y aumenta con esta. Varía ultimadamente con la textura: mientras más fina sea la textura, mayor será el índice.

## Agentes CMR (INRS)

Algunos agentes químicos tienen efectos cancerígenos, mutágenos* o tóxicos para la reproducción a mediano y a largo plazos. Se denominan agentes CMR.*

El término CMR proviene de la legislación para prevenir riesgos químicos. También se utiliza para designar ciertos procesos industriales que tienen efectos cancerígenos, mutágenos o tóxicos para la reproducción (CMR) en profesionistas expuestos a estas sustancias.

### Vocabulario relativo a los agentes químicos CMR:

**Cancerígeno:** Agente químico peligroso que en estado puro (amianto, polvo de madera, benceno) o en mezcla, o procesado, puede ocasionar la aparición de un cáncer o incrementar la frecuencia de este.

**Mutágeno o genotóxico:** Producto químico que induce alteraciones en la estructura o en el número de cromosomas de las células. Los cromosomas son los elementos del núcleo de la célula que contienen el ADN. El efecto mutagénico (o daño genotóxico) es una etapa inicial de desarrollo del cáncer.

**Tóxico para la reproducción o reprotóxico:*** Producto químico (el plomo,* por ejemplo) que puede alterar la fertilidad del hombre o de la mujer, o alterar el desarrollo del bebé por nacer (aborto espontáneo, malformaciones, etc.).

Estos agentes afectan a numerosos segmentos de actividad. En Francia, cerca de 10% de la población activa (es decir, 2.2 millones de asalariados) ha afirmado estar expuesta en su trabajo a por lo menos un agente químico cancerígeno (encuesta realizada por Sumer, 2010). De acuerdo con un censo realizado por el INRS en 2005, en Francia se han utilizado 4.8 millones de toneladas de agentes químicos cancerígenos, mutágenos o tóxicos para la reproducción, de los cuales los principales son halógenos clorados (solventes*) y compuestos aromáticos y alifáticos.

## Contaminantes en los muebles

Fragmento del informe ANSES (junio de 2015)

Peritaje en apoyo al etiquetado de muebles.

Las sustancias identificadas en los muebles y que han sido objeto de restricciones en relación con su presencia en estos productos son las siguientes:

- tributiletano
- dibutiletano
- cadmio 21
- colorantes azoicos
- compuestos de cromo
- benzopireno
- fumarato de dimetil
- pentaclorofenol
- arsénicos y sus compuestos
- ácido perfluorooctano sulfónico y sales derivadas de los PFO.
- aquilfenol etoxilado (APEO).

Una restricción no constituye de manera sistemática una prohibición total en el uso; es específica para cada sustancia.

**Sustancias prioritarias a considerar en el marco de un etiquetado para todo tipo de materiales y de disponibilidad de una norma**

Benceno, acetaldehido, formaldehído, tetrachloroetileno, estireno, 1,2,3-tricloropropano, etilbenceno (triclorometil) benceno, 2-etoxietanol, 1,2-dicloroetano, 2-metoxietanol, 2-etoxietilacetato, 4-metil-2-pentanona, dimetilformamida, naftaleno, N-metil-2-pyrrolidona, benzofenona, N-Ethyl-2-pirrolidona, acetato de 2-metoxypropildiclorometano, (2-metoxietil)éter, ftalato de dibutil, ftalato de din-hexilo, ftalato de bis (2-etilhexilo), ftalato de diisobutilo, ftalato de bencilo y de butilo.

(El informe global puede consultarse en el sito de Anses: https://www.anses.fr/fr/system/files/AIR2013sa0040Ra.pdf)

# GLOSARIO

**Alquifenoles:** Sustancias químicas persistentes que se acumulan sobre todo en sedimentos y en suelos. Son muy comunes en el medioambiente, porque no son eliminadas por las plantas de depuración del agua. Son perturbadores endócrinos.* Los principales son el 4-nonilfenol y el 4-ter-octilfenol.

**Bicarbonato de sodio:** Polvo blanco a base de carbonato de sodio. Los microcristales que lo componen permiten eliminar la mugre, sobre todo las grasas y las manchas, sin rayar las superficies, además de que absorbe olores. Puede utilizarse en la cocina como polvo para hornear, así como para cuidados corporales, particularmente dentales.

**Bisfenol A:** Sustancia química que se utiliza mucho en diversos contenedores para alimentos, sobre todo en el revestimiento de las latas de conserva. También se encuentra en los tickets de compra, en los recibos de tarjetas bancarias y en los billetes de banco. Son un perturbador endócrino.

**Cadmio:** Metal pesado tóxico para el cuerpo humano y muy común en el medioambiente.

**Cal (óxido de calcio):** La cal hidráulica se obtiene al calentar la caliza, que contiene silica.

CMR (**cancerígenos, mutágenos y reprotóxicos**): Sustancias clasificadas por la OMS como cancerígenas (C), mutágenas (M) y tóxicas para la reproducción (R).

COV (**compuestos orgánicos volátiles**): Presentes en forma gaseosa, estos compuestos se derivan esencialmente de procesos químicos que contaminan la atmósfera y que afectan la salud humana. También los hay de origen natural (plantas).

**Creosota:** Sustancia compuesta principalmente de hidrocarburos aromáticos policíclicos (HAP*) que durante mucho tiempo se utilizaron para la conservación de la madera y, sobre todo, para tratar los travesaños de ferrocarriles. Tóxica y cancerígena, su uso está prohibido en la actualidad.

**Dioxinas:** Conforman una gran familia de componentes químicos muy persistentes y presentes en todo el medioambiente. Son emitidas principalmente por los incineradores de residuos domésticos —debido a que la combustión es incompleta—, así como por la industria metalúrgica y siderúrgica y por la quema de vegetales, a causa de la presencia de productos fitosanitarios remanentes. Son perturbadores endócrinos* cancerígenos.

EDTA (**etilen diamina tetra acetato**): Conservador.

**Emulsificantes:** Son sustancias muy utilizadas por la industria alimentaria, debido a que posibilitan estabilizar la mezcla de dos sustancias que, en condiciones normales, no se mezclan (como un producto acuoso y materia grasa).

**Epigenético:** Se habla de transmisión epigenética cuando, en la transmisión de una generación a otra, el patrimonio genético no se modifica (no hay mutaciones), mientras la expresión de ciertos genes sí lo hace.

**Éteres de glicol:** Solventes* de distintos compuestos; algunos son tóxicos.

**Formaldehído:** Se usa en gran medida en varios materiales de construcción y en ciertas telas, entre otros. Es un producto derivado de la síntesis química que recibe el nombre de formol, cuando se disuelve en el agua.

**Ftalatos:** Productos químicos presentes en muchos materiales plásticos. Se utilizan para hacerlos flexibles, en particular a los PCV.* También se encuentran en ciertos productos cosméticos, entre otros. No todos los ftalatos deben considerarse por igual, ya que algunos son perturbadores endócrinos.

**HAP (hidrocarburos aromáticos policíclicos):** Derivados de la química y presentes en numerosos materiales de construcción y de renovación, sobre todo en algunas pinturas. De acuerdo con la OMS, son contaminantes que deben erradicarse prioritariamente.

**Malatión:** Insecticida neurotóxico que pertenece a la familia de los organofosforados y cuyo uso está prohibido en muchos países desde hace varios años.

**Mercurio:** Metal pesado que es tóxico para el cuerpo humano y muy común en el medioambiente.

**Metales traza:** Corresponde a la denominación inadecuada de metales pesados (cadmio, mercurio, etc.). Son tóxicos según su grado de exposición.

**Mutágenos:** Sustancias que pueden producir mutaciones; es decir, una modificación irreversible en algunos genes.

**NPE (nonilfenoles):** Ver Alquifenoles.

**Parabenos:** Grupo de sustancias químicas ampliamente usadas como conservadores en los cosméticos, los geles de ducha, los desodorantes, las cremas para el cuerpo, etc. Hay un alto índice de sospecha de que son perturbadores hormonales.

**PBO (butóxido de piperonilo):** Sustancia química que se añade con frecuencia a los plaguicidas para aumentar su eficacia, aunque también aumenta su toxicidad.

**PCB (policlorobifenilos):** Esta familia de más de doscientos compuestos químicos organoclorados es muy tóxica y persistente. Los PCB se fabricaron de manera masiva hasta los años setenta y se utilizaron sobre todo como aislantes, en particular de los transformadores eléctricos. La alimentación es la primera fuente de comunicación y se les encuentra principalmente en productos animales, debido a la concentración de estos compuestos, como la de los insecticidas organoclorados (DDT y otros), en la cadena alimenticia.

**Percloroetileno:** El solvente* de uso más común para la limpieza en seco. Es tóxico para el ser humano y cancerígeno.

**Perfluorados:** Los hidrocarburos perfluorados son unas sustancias halógenas que contribuyen al efecto invernadero. Son perturbadores endócrinos.* Los más conocidos son el PFOA* (ácido perfluorooctanoico), que se utilizan en la fabricación del teflón, y el PFOS. Son muy persistentes y se encuentran presentes en todo el medioambiente.

**Permetrina:** Insecticida químico de la familia de los piretroides.*

**Perturbadores endócrinos:** Sustancias muy numerosas que pertenecen a diferentes familias de productos químicos y que perturban el equilibrio hormonal, tomando el lugar de las hormonas en los receptores hormonales. Tienen como particularidad actuar en dosis infinitesimales, de cien a mil veces más bajas que las dosis tóxicas, de acuerdo con criterios clásicos.

**PET (tereftalato de polietileno):** material plástico que se utiliza principalmente para la fabricación de botellas y de telas (poliéster).

**PFOA:** Véase Perfluorados.

**Piretroides:** Familias de insecticidas químicos de amplio uso en la actualidad.

**Plomo:** Metal pesado que es tóxico para el cuerpo humano de acuerdo con el grado de exposición y que es común en el medioambiente. La prohibición de usarlo en pinturas y en la gasolina ha reducido los riesgos sanitarios.

**Polibromados:** Estas sustancias químicas, que se conocen más con el nombre de PBB, se utilizan para ignifugar materiales tan diversos como el plástico que se utiliza en televisores, en computadoras, en componentes electrónicos, en material eléctrico y de iluminación, en alfombras, en material para bolsas de dormir, en ropa, en componentes para automóviles, en cojines de hule espuma y en otras telas con retardantes de llamas. Son neurotóxicos.

**PTFE (politetrafluoroetileno):** Nombre químico del teflón.

**PVC (policloruro de vinilo):** Es uno de los productos químicos que más se utiliza en el mundo. Sirve sobre todo para la fabricación de tubos, ventanas, revestimientos para el suelo, etc. Su combustión emite ácido clorhídrico, dioxinas y furano.

**Reprotóxico:** Sustancia que favorece la esterilidad y la infertilidad.

**Retardantes de llamas:** Productos químicos que se utilizan como ignífugos (ver Polibromados).

**Sello de certificación:** Signo distintivo que se otorga a un producto que deberá responder a un pliego de condiciones bastante preciso. Existen decenas de sellos, y algunos han sido creados por los propios fabricantes para promover sus productos. Los sellos citados en esta obra se encuentran, en nuestra opinión, entre los más serios, pero las normas promulgadas podrían ser mejores en el caso de muchos de ellos.

**Silicona:** Familia de productos constituidos principalmente por silicio y por oxígeno. Tiene diversos usos, como en masilla (mastique), pegamentos, juntas, cosméticos, material médico, implantes mamarios, moldes flexibles, etcétera.

**Solvente:** Producto que se utiliza para algunas sustancias, sin modificar su composición químicamente. Algunos pueden ser tóxicos de acuerdo con el grado de exposición, mientras que otros no tienen ningún efecto negativo (como el agua).

**Sustancias reprotóxicas:** Sustancias tóxicas para la reproducción.

**Triclosán:** hasta hace poco tiempo, fue un producto antibacteriano de uso masivo, en muy diversos productos de higiene, como jabones, dentífricos, desodorantes y cremas de afeitar. Es muy persistente y muy común en el medioambiente. Es un perturbador endócrino* y propicia la aparición de bacterias resistentes a los antibióticos.

**Vinagre blanco:** Vinagre de alcohol que se transforma en ácido acético bajo la influencia de una bacteria.